フォーカシングの実践と研究

伊藤義美 ◎編著
Yoshimi Ito

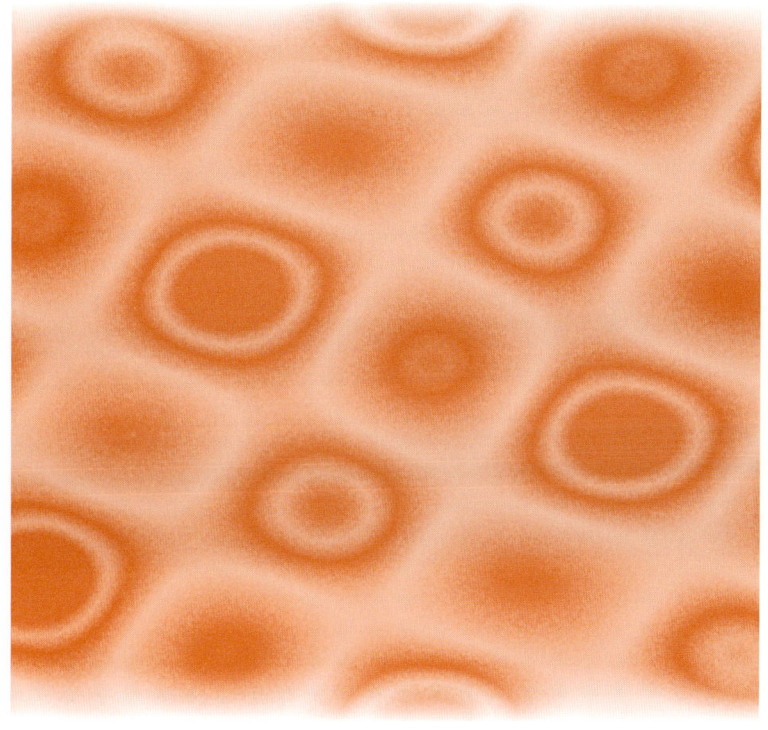

ナカニシヤ出版

まえがき

　本書は，人間性心理学，臨床心理学，心理臨床学，カウンセリング心理学，パーソナリティ心理学などにおけるヒューマニスティック・アプローチ（人間性心理学的アプローチ）をあつかっている。ヒューマニスティック・アプローチは，心理学，教育学，看護学などの学問領域を越えた一つの大きな勢力である。なかでもフォーカシングとグループ・アプローチはわが国の学会でも実践や研究が多く発表されており，現代のヒューマニスティック・アプローチにおける二つの中軸をなすものである。このたびフォーカシングとヒューマニスティック・グループ・アプローチに関する書物を2冊上梓することになった。

　本書は，フォーカシングの実践と研究を編集したものである。わが国のフォーカシングの発展にはとくに目覚ましいものがあり，その実践と研究は急速に進んでいる。本書ではまずフォーカシングの発展が概観され，臨床場面や教育場面及び日常場面での具体的な実践や研究がしめされている。「日本フォーカシング協会」の会員も1,000人を越し，わが国においてフォーカシングはますます発展していくことだろう。

　平成8年（1996年）9月に名古屋地区で日本人間性心理学会第15回大会（1996.9.13—9.16）が開催された。この第15回大会の準備・運営にかかわったのが一つの機縁となって，このようなヒューマニスティック関係の書物を出版する運びになったのである。本書のテーマの関係上，全員というわけではないが，準備委員・事務局員としてかかわった多くの方々に執筆に加わっていただいた。お忙しいなかご協力いただいた方々に感謝を申し上げたい。

　しかし残念なことがある。この6年間の間に，第15回大会の準備・運営にかかわっていただいた河津雄介（1998年，病死），野田勝子（2000年，事故死），小島新平（2001年，病死）の3氏が，病気や事故で亡くなられたことである。

とくに河津雄介氏（元名古屋聖霊短期大学）は準備委員会の中心人物であった。準備委員の心の拠り所として、またワークショップ「百芳教育研修講座」の講師も務めていただいた。その早すぎる死は、第15回大会の心労と無関係ではなかったのではないかと思われる。私も大会終了後に歯痛に襲われ、その処置のために歯科医通いがしばらく続いたことを思い起こす。他にも大会の準備・運営にかかわった方の中には、なんらかの心身の変調が現われた人がいたと思われる。

野田勝子氏（元名古屋大学教育学研究科）は不運にも交通事故に遇われ、執筆を予定されていたフォーカシング関係の原稿は出ないままになった。

小島新平氏（元岡崎短期大学）にはグループ・アプローチ関係の原稿を早い時期にお出しいただいたが、出版が遅れて遺稿になってしまった。予定どおり編集作業が進んでいれば、20世紀最後の年に出版できていたのであるが…。

本書をこれら3名の方々のご霊前に捧げるとともに、心からご冥福をお祈りしたい。

最後に、本書の出版をお引き受けいただいたナカニシヤ出版と宍倉由高編集長に感謝の意を表したい。本書がわが国のフォーカシングとグループ・アプローチなどのヒューマニスティック・アプローチの発展にたとえわずかでも貢献できれば、まさしく望外の喜びである。

2002年7月吉日

編　者
伊　藤　義　美

目　　次

まえがき　*i*

第 1 部　フォーカシングの実践と研究 ——————————— 1
第 1 章　フォーカシングの実践と研究の発展　3
第 2 章　心の空間づくりに関する実践と研究　17
第 3 章　付箋紙を用いた空間づくりの実践　29
第 4 章　複数フォーカシング法（MFM）の実践：からだの感じ方
　　　　式による 5 人フォーカシングの空間づくり　45

第 2 部　フォーカシングと臨床実践 ——————————— 57
第 5 章　高齢者とのフォーカシング　59
第 6 章　カウンセリング・心理療法へのフォーカシングの適用　71
第 7 章　カウンセリングの中でフォーカシングを活用した事例　83
第 8 章　フォーカシングとしての「こころの壺」：産業臨床での
　　　　適用　93
第 9 章　教育フォーカシングの提起とその試行　105

第 3 部　フォーカシングと学校教育 ———————————123
第 10 章　ビクス（BCS）法フォーカシング：小学生への適用　125
第 11 章　小学校における音楽の授業へのフォーカシングの適用　137
第 12 章　高等学校における教科学習へのフォーカシングの適用　147

第 4 部　フォーカシングによる自己理解・変化 ———————157
第 13 章　絵画をとおしてのフォーカシングによる自己理解・変化　159
第 14 章　フォーカシングとの出会いと日常生活での活用　167
第 15 章　フォーカシングで夢を体験し直すこと　175

第16章　重要な「ことば」についてのフォーカシング　185
第17章　ジェンドリン，E.T.博士が物語る　197

あとがき　217
索　引　219

第1部

フォーカシングの実践と研究

第1章

フォーカシングの実践と研究の発展

● 1 方法としてのフォーカシング

　ロジャーズ（Rogers, C. R.）の弟子で，共同研究者であり，また体験過程療法（Experiential Therapy）とフォーカシング（Focusing）の創始者であるのが，ジェンドリン（Gendlin, E. T., 1926～　）である。フォーカシングと密接な関係があるのが，体験過程（experiencing）あるいは体験過程理論である。体験過程理論の技法であるフォーカシングは，その奥深さと豊かな可能性を秘めていると期待される。

　フォーカシングは，心理療法・カウンセリングの方法であり，パーソナリティ変化の現象であり，そのプロセスでもある。体験過程の理論のなかで，まず現象とプロセスとしてのフォーカシングが提起され，やがて方法としてのフォーカシングが提出されてきている。

　方法としてのフォーカシングは，つぎのように定義できる。

1．内側のはっきりしない何かに注意を向けること
2．はっきりと身体で感じることができる
3．その身体の感じに触れ続け，優しい，友好的な，判断しないやり方で，それが開けるのをじっくりと待つこと
4．それは，その人の人生・生活の何かの部分とつながっている
5．それは，成長や変化のステップをもたらす

このようなフォーカシングの効果としては，つぎの点が考えられる。

1．自己理解・発見
2．自己の癒し・変化・成長

3．心理療法・カウンセリングの過程の促進
4．ストレスの軽減・危機介入
5．問題解決・創造的活動
6．セルフヘルプ
7．トランスパーソナル的体験

フォーカシングで重視されるものは，フェルトセンス（felt sense），フォーカシング的態度（focusing attitude），およびパートナーシップ（partnership）などである。

フェルトセンスとは，
1．意味をふくんだ，より全体的な身体感覚
2．漠然としてはっきりしないが，明確な質（特質）
3．単なる情動ではなく，情動を含むそれ以上のもの
4．人生や生活における何かとつながっているもの

である。

フォーカシング的態度とは，
1．そこにあるものに関心，好奇心をもつこと
2．そこにあるどんなものにも優しく，友好的であること
3．許すこと（そこにあるものは，何でもそこにあってもいいと許すこと）
4．尊重すること（あなたのでも他人のでも，プロセスを尊重すること）
5．待つこと，ともにいること
6．そのまま受けとること（大きくても小さくても，やって来るものはなんでも受けとること）
7．傾聴するあり方（内側の場所に静かに，共感をともなって）
8．意味を与えることができる，内側に安全な場所をつくること
9．技法よりも重要である

である。

パートナーシップとは，
1．日常生活の場に自分の定期的な特定のフォーカシング・パートナーをもつこと
2．両者で役割を固定せず，お互いが平等に時間を使い，何かのリソース

（内的資源）を相手から受け取り，相手にも提供すること
である。

フォーカシングを教えるステップとして，Gendlin（1978, 1981）は6つの
ステップを提唱している。
1．空間をつくる（clearing a space）
2．フェルトセンス（felt sense）
3．取っ手（ハンドル）をつかむ（getting a handle on it）
4．共鳴させる（resonating the handle）
5．尋ねる（asking）
6．受け取る（receiving）

方法としてのフォーカシングの開発と適用によって，心理療法・カウンセリングの領域ばかりでなく，広く精神生活や人間関係の領域においてフォーカシングの活用の可能性が拡大してきている。

● 2　フォーカシングの歴史と発展

体験過程とフォーカシングの歴史的発展をジェンドリンの主な論文と著書を中心に示すと，表1-1のようになる。

体験過程とフォーカシングの発展をジェンドリンの論文などを中心に簡単に跡づけていく。

ジェンドリンはシカゴ大学の哲学科の出身で，人間の経験と概念との関係に関心をもっており，1952年に当時シカゴ大学カウンセリング・センターにいたロジャーズのもとにおもむいた（伊藤，1994）。これが，ジェンドリンとロジャーズの最初の出会いであった。ジェンドリンによって体験過程の概念が最初に提出されたのは，1955年のシカゴ大学カウンセリング・センターでのディスカッション・ペーパーによる。この論文は，同僚のズィムリング（Zimring, F.）との連名で提出された（Gendlin & Zimring, 1955）。ここでは，体験過程の変化と治療状況の特性，そしてなぜ変化が起こるのかが論じられた。体験過程の概念は，そのときまでロジャーズらが用いていた重要な概念である経験（experience）と区別された。この体験過程の概念はロジャーズに大きな影

表 1-1 体験過程とフォーカシングの歴史と発展（Gendlin の論文を中心に）

年号	論文名と書名
1955	体験過程の特質または次元とその変化
1961	体験過程：心理療法的変化のプロセスの1変数
1962	『体験過程と意味の創造』（筒井健雄訳　1993　ぶっく東京）
1963	体験過程尺度
1964	パーソナリティ変化の1理論
1966	実存主義と体験過程療法
1968	心理療法でのフォーカシング能力，パーソナリティ及び創造性
〃	体験過程的反応
1969	フォーカシング
1970	体験過程的フォーカシングでのイメージの使用
1974	体験過程療法
〃	来談者中心および体験過程療法
1978	『フォーカシング』
〃	《Eugene T. Gendlin 夫妻初来日》
1980	イメージはフォーカシングによってより強力になる：理論と実際
1981	『フォーカシング　第2版』（村山・都留・村瀬訳　1982　福村出版）
1984	フォーカシングにおけるイメージ，からだ，そして空間
〃	クライエントのクライエント
1986	『夢とフォーカシング―からだによる夢解釈―』（村山正治訳　1988　福村出版）
1987	《Eugene T. Gendlin 夫妻再来日》
1990	治療プロセスの小さなステップ：ステップはどのようにやって来るか，そしてやって来るのをどのように助けるか
1994	《Ann Weiser Cornell 初来日》
1996	『フォーカシング指向心理療法―体験過程的方法のマニュアル―』（村瀬孝雄他監訳　1998, 1999　金剛出版）
〃	治療におけるフォーカシングの利用
〃	《Elfie Hinterkopf 初来日》
1997	《Ann Weiser Cornell 再来日》
1998	《Hinterkopf, E.再来日，Cornell, A. W. および Mary Hendricks Gendlin 再々来日》

響を与え，プロセス概念やプロセス・スケールの7つのストランド（strand）の1つに採用されている（Rogers, 1958, 1959; Rogers & Rablen, 1958; Walker et al., 1960; Rogers, 1961; Tomlinson & Hart, 1962 など）。こうしてロジャーズは7つの側面（各7段階）からクライエントの変化プロセスを測定し，解明しようとした。そこでロジャーズらが採用したストランドは，①感情と個人的意味づけ，②体験過程，③不一致，④自己の伝達，⑤体験の解釈，⑥問題に対する関係，⑦関係の仕方である。

しかしジェンドリンは体験過程のみでクライエントの治療的変化のプロセスを明らかにしようとした。ジェンドリンは体験過程の特質として，次の6点にまとめている（Gendlin, 1961）。

(1)体験過程は，感情の1つの過程である。(2)体験過程は，現在この瞬間において生起する。(3)体験過程は，1つの直接的なレファラント（a direct referent）である。(4)体験過程に導かれて概念化が行われる。(5)体験過程は，豊かな意味を暗にふくんでいる（implicitly meaningful）。(6)体験過程は，1つの前概念的，有機体的な過程である。

また，ジェンドリンの1962年の最初の著書である『体験過程と意味の創造（原題：Experiencing and the Creation of Meaning）』では，人間行動の研究の新しい根本的要因として前概念的な体験過程について，13の特徴を挙げている（Gendlin, 1962, pp.23-24）。

この体験過程の水準を測る道具として7段階の体験過程尺度（Experiencing Scale, EXPスケール）が1960年に開発され，その後このスケールは洗練されてきている（Gendlin & Tomlinson, 1960, 1961, 1963; Gendlin et $al.$, 1967; Klein et $al.$, 1969など）。そしてクライエント用だけでなく，治療者用の体験過程尺度も開発されている（Klein & Mathieu-Coughlan, 1985）。

「パーソナリティ変化の一理論」（Gendlin, 1964）では，パーソナリティ理論を抑圧モデル（the repression paradigm）と内容モデル（the content paradigm）に分け，これらの理論では変化そのものを十分に説明していないと批判している。そしてパーソナリティ変化の理論を提出して，変化が個人のなかにどのように生じるかを明らかにするためにフォーカシング（焦点づけ）の過程を記述している。この論文において初めてフォーカシングが提起されたのである。ここではフォーカシングは，「まだはっきりしないが，直接に感じられるものに注意を向けて，推進させるプロセス」あるいは「個人が体験過程の直接のレファラントに注意を払うとき，それに引き続いて生じる全過程」として記述された。それは，成功した心理療法と結びついた，自然に生じる，自発的なクライエントのプロセスの記述であった。

フォーカシングのプロセスは4つの位相に分けられたが，これらの位相は相互に重複する性質をもつものである。

位相Ⅰ　概念的にはおぼろげだが，体験する感じとしてははっきりしている，ある感じられた意味への直接のレファランス（direct reference）
位相Ⅱ　いくらかの局面の開け（unfolding）と象徴化
位相Ⅲ　全面的な適用（global application）がどっと押し寄せてくること
位相Ⅳ　レファラントの移動（referent movement）

こうして過程は，再び位相Ⅰから始まることが可能になる。

ところが，Gendlinら（1968）では，このようなクライエントの自然なプロセスの観察から，そのプロセスを人（クライエントなど）に教えることを考えるようになってきたのである。

フォーカシングは個人の一種の能力（ability）とみなされており，フォーカシングとパーソナリティや創造性との関係が検討された。Gendlin（1969）ではフォーカシングについてまとまった記述がなされているが，そこではフォーカシング後質問票は，一部が変わって9項目になっている。これらの研究では，フォーカシング後質問票に記述された内容によってフォーカシングが起きているかどうかが判断された。

Gendlin（1969）におけるフォーカシングの手続きではイメージの特殊な力が無視されていたが，Gendlin（1970）ではイメージが出てきたときは「どのようにイメージを感じるか」という教示を用いることを提唱している。そして「イメージには特定の感情をつくりだす力があり，ことばは特定の感情から解放または体験的シフトを得る力がある」ので，イメージとことばの両者を併せて用いることをすすめている。

現代心理療法の1つとして体験過程療法（Experiential Therapy）についてのまとまった記述がなされたのが，Gendlin（1974）である。

1978年に『フォーカシング（原題：Focusing）』の初版本が出され，そこでのフォーカシングの「動き（movement）」または「ステップ（step）」はつぎの通りである。

準　備（preparation）
第1の動き：空間をつくる（clearing a space）
第2の動き：問題についての感情（feeling for the problem）
第3の動き：要点を見つける（finding the crux）

第4の動き：ラベリング（labeling）
第5の動き：感情と確認する（checking back with the feeling）
第6の動き：もう1つのラウンド（another round）

6つの動きあるいはステップが設定され，「空間をつくる」などが登場している。

この年の10月にジェンドリンは初来日しているが，筆者が参加した箱崎（福岡市）で行われたフォーカシング・ワークショップでショート・フォームとして紹介したのは，つぎの5ステップである（伊藤，1978）。

ステップ1：快適な空間をつくる。（目録）　ステップ2：1つの問題を選ぶ。その中に入り込まない。全体のフェルトセンスを得る。　ステップ3：全体のフェルトセンスのハンドルとなる，1つのことば，語句，イメージ。　ステップ4：それを確認する。"それで本当に適切だろうか"と尋ねる。できるだけ身体に合図させる。　ステップ5："何がそんなに～だろうか"と尋ねる。待つ。それといっしょにいる。すぐに応える必要はない。ああ,そうです,そこにあります。大丈夫です。

ここではすでに「フェルトセンス」，「ハンドル（取っ手）」，「尋ねる」などの概念が新しく登場している。

そして『フォーカシング』の第2版（1981）ではフォーカシングの動きやステップは，つぎのように変更が加えられている。

準　備（preparation）
第1の動き：空間をつくる（clearing a space）
第2の動き：気がかりなことに対するフェルトセンス（a felt sense）
第3の動き：取っ手（ハンドル）を見つける（getting a handle on it）
第4の動き：取っ手とフェルトセンスを共鳴させる（resonating the handle）
第5の動き：尋ねる（asking）
第6の動き：受け取る（receiving）

この第2版では，フェルトセンス，取っ手，共鳴などの新しい用語が採用されているだけでなく，初版の第3の動き「要点を見つける」と第6の動き「もう1つのラウンド」がなくなり，第5の動き「尋ねる」と第6の動き「受け取

る」が加わっている。この第2版での6つの動き，あるいはステップは，その後のGendlin（1984）やGendlin（1996）でも基本的に同じままである。ここにジェンドリン法のステップは確定したといえる。

このようにステップが修正されてきた事情はCornell（1993）によると，1972-4年にシカゴでのワークショップなどでは，エクササイズとして「包みを覗いてみて，それらを置く」というメタファーを用いており，これは「空間づくり」に関係すると思われる。しかしステップとしては，まだ考えられていなかった。1974年から1978年までの間に6つのステップが考案されたようだが，1976-7年には，「並べる」，「フェルトセンスを見つける」，「ハンドルを得る」，「尋ねる」に相当する4つを用いていた。

ハンドルを「再チェックする」（これは，後に「共鳴させる」という用語が用いられるようになった）が含まれたり，含まれなかったりしてステップが5つか6つか，少し混乱があったようである。そして「受け取る」は，最後に付け加えられたステップである。

このようにステップと用語が確定するまでにいくらか試行錯誤があったことがわかる。

3　フォーカシングの適用の展開

Gendlin（1980）は，イメージはフォーカシングを用いることによってより強力になることを論じている。イメージでもフェルトセンスから生じてくるイメージが重視されている。Gendlin（1984a）は，人に教えることができる技能（スキル）としてのフォーカシングを述べ，これが心理治療にとってかわる際の政治的な問題を論じ，シカゴの新しい治療的コミュニティであるチェンジズ・プログラムを紹介している。Gendlin（1984b）では，体験過程の理論と実践の新しい発見と更なる理論的展開が論じられている。フェルトセンスは，「クライエントのクライエント」という観点から論じられている。

Gendlinら（1984）は，フォーカシングにおけるイメージ，身体，そして空間について理論と実際から論じている。2名の自殺企図患者と癌患者に対するフォーカシングの適用の実例が含まれている。

1986年にはフォーカシングの夢解釈への適用である『夢とフォーカシング（原題：Let Your Body Interpret Your Dreams）』が出版された（Gendlin, 1986）。この夢フォーカシングの特徴は，(1) 1つの理論や信念の体系に限定されない，(2)根本的な基準は，身体の感じにある，(3)この方法は教えることができ，また学習することができる，の3つである。夢の解釈においては，16の質問（連想を導く3つの方法，物語をつくる3つの要素，登場人物とかかわる3つの方法，暗号を解読する3つの方法，成長における4つの次元）を活用することになる。解釈を妥当なものにするためにバイアス・コントロールを用いるのも特徴である。翌年の1987年のジェンドリン夫妻の再来日によって，夢フォーカシングの実際がより明確に伝わるところとなった。

Gendlin（1990）では生きた人間として存在することの優位性と，他の方法を用いる際の基準線としての来談者中心の反映（反射，リフレクション）を挙げ，小さなステップがどのようにやってくるかを論じている。Gendlin（1991）は，心理療法における情動について論じている。この論文では，①身体はどのようにして状況について多くを知るのか，②新しい，より複雑なつぎのステップはどのように可能か，③情動はフェルトセンスとどのように異なるのか，そして治療的変化をもたらすためにこの2つをどのように取り扱うべきか，を理論面と実践面で考察している。

Gendlin（1992）は，身体，言語，状況についての哲学的な考察を展開し，Gendlin（1996）は，心理療法におけるフォーカシングの活用について論じている。そして1996年には，これまでの集大成ともいえる『フォーカシング指向心理療法（原題：Focusing‐Oriented Psychotherapy）』が出版された（Gendlin, 1996）。体験過程療法ではなく，フォーカシングを強調する題名になっている。ここでは，多くの心理治療法を理解し，体系化するための新しい方法を提供している。

● 4　わが国での体験過程療法とフォーカシングの発展

わが国ではかなり早い時期からジェンドリンは注目され，ロジャーズの後継者とさえ見なされていた。それはロジャーズが1961年（昭和36年）に初来日

表 1-2 わが国でのフォーカシング関係の出版（主に Gendlin の著書以外）

年号	書名
1966	村瀬孝雄編訳『体験過程と心理療法』（初版）牧書店
1981	村瀬孝雄編訳『体験過程と心理療法』（新版）ナツメ社
1984	村山正治ほか『フォーカシングの理論と実際』福村出版
1991	村山正治編『フォーカシング・セミナー』福村出版
1995	池見 陽『心のメッセージを聴く―実感が語る心理学―』講談社現代新書
1995	村瀬孝雄ほか『フォーカシング事始め―こころとからだにきく方法―』金子書房
1996	コーネル，A. W.（村瀬孝雄監訳）『フォーカシング入門マニュアル第3版（1994）』金剛出版
〃	コーネル，A. W.（村瀬孝雄監訳）『フォーカシング ガイド・マニュアル第3版（1993）』金剛出版
1997	池見 陽編『フォーカシングへの誘い―個人的成長と臨床に生かす「心の実感」―』サイエンス社
	《1997年9月15日「日本フォーカシング協会」設立》
1999	コーネル，A. W.（大澤美枝子・日笠摩子訳）『やさしいフォーカシング―自分でできるこころの処方―（1996）』コスモスライブラリー 星雲社
〃	村山正治編『現代のエスプリ No. 382 フォーカシング』至文堂
〃	池見 陽・村瀬孝雄訳『セラピープロセスの小さな一歩―フォーカシングからの人間理解―』金剛出版
2000	伊藤義美『フォーカシングの空間づくりに関する研究』風間書房
〃	ヒンターコプフ，E.（日笠摩子・伊藤義美訳）『いのちとこころのカウンセリング―体験的フォーカシング法―』金剛出版

したとき，ロジャーズの口からしばしばジェンドリンの名前が聞かれたからだと言われている。このことも1つのきっかけになったと思われるが，わが国にジェンドリンが体験過程の理論とともに紹介されたのは，1966年に村瀬孝雄がジェンドリンの論文集『体験過程と心理療法』を編訳したことによる（表1-2参照）。この中には，初めてフォーカシングが出てくる「パーソナリティ変化の一理論」が含まれている。さらに村山正治ら（1975，1976）によって体験過程と焦点づけ（フォーカシング）の理論と方法についての紹介がなされている。

そのジェンドリンが1978年10月に村山らの尽力と日本心理学会の招待で来日し，日本心理学会第42回大会（於，九州大学）で特別講演を行い，福岡，京都，東京で講演やワークショップを行った。この待望の来日は，それまで文献のみでしか知り得なかった数多くの心理臨床家や研究者にとって，ジェンドリンとフォーカシングの技法の実際に直接触れることができるまさに絶好の機

会となった。これを契機にフォーカシングの理論と実践への関心が急速に高まり，やがて学習会，研究会，臨床実践，ワークショップが盛んに行われるようになった。例えば筆者は，西園寺二郎や田畑　治とともにカウンセリング過程におけるフォーカシングの臨床的適用例（主として神経症圏，他にうつ病圏）を検討する研究会を重ねた（1978～1979年）。また，『人間関係研究会』のプログラムでは1979年から「フォーカシングの体験とグループでの交流」（企画：増田　實）と1982年から「フォーカシング・セミナー」（主催：日本フォーカシング研究会）の2つプログラムが早い時期にフォーカシングの体験学習の場を提供してきている。この他に，後に1995年度から「ぎふ・長良川フォーカシング・ワークショップ」（企画：伊藤義美）などが加わったりしている。

村山ら（1982）がジェンドリンの著書『フォーカシング』（原題：Focusing, 1978, 1981）を訳出し，同じ1982年に日本におけるフォーカシング研究・実践の発展と推進，仲間の交流をめざして『日本フォーカシング研究会』ができ，「フォーカシング・フォーラム」なる機関紙（ニュースレター）が年2回発行されるようになっている。村山ら（1984）は，すでに自分たちの実践と研究などをまとめて，『フォーカシングの理論と実際』を出版している。

ジェンドリン夫妻が1987年9月に『日本フォーカシング研究会』の招きで再度来日し，「フォーカシング・セミナー」（9月15-20日）でフォーカシングによる夢解釈の新しい方法を伝えてくれたことは特筆すべきことである。その翌年の1988年に村山が，ジェンドリン著『夢とフォーカシング―からだによる夢解釈―（原題：Let Your Body Interpret Your Dreams, 1986）』を訳出している。このときのジェンドリンのセミナーの記録をふくめた村山編『フォーカシング・セミナー』が1991年に刊行されている。こうして1990年代に入り，池見（1995），村瀬ら（1995），池見（1997），伊藤（2000）とフォーカシング関係の著書の出版が相次ぎ，1996年にはCornell, A. W. (1993, 1994)のフォーカシングのマニュアルが2冊翻訳されている。この間にフォーカシング関係の実践や研究が盛んに発表され，学会でのシンポジウムもいくつか開催されてきている。ちなみに，最初の学会シンポジウムは，1990年に日本心理学会で開催されている（伊藤ら，1990）。

また，フォーカシング関係者の来日が相次いでいる。コーネル（Cornell, A.

W.) が 1994 年の 8 月と 1997 年の 4 月に来日して東京，名古屋，神戸，福岡などで，さらにヒンターコプフ（Hinterkopf, E.) が 1996 年の 9 月に来日して東京，名古屋，大阪，福岡でワークショップを行っている。そして『日本フォーカシング研究会』が発展的に解消して，『日本フォーカシング協会』（会長：村瀬孝雄）が 1997 年 9 月 15 日に設立されている。1998 年から機関紙「Focuser's Focus」（年 4 回）が発行されるようになった。1998 年 9 月の日本心理臨床学会第 17 回大会（名古屋大会，9.20）では，ジェンドリンが大会特別講演「フォーカシング・オリエンティッド・サイコセラピー」（ビデオ講演）を行い，その後でフォーカシング研究所長のジェンドリン（Gendlin, M. H.），が小講演を行って補足をした。

このようにわが国ではフォーカシングの基礎がかたまり，新たに充実・発展の時期を迎えつつあるのである。

● 5　体験過程療法とフォーカシングの実践・研究の概観

シカゴにある『フォーカシング研究所（The Focusing Institute）』では，1981 年から体験過程療法とフォーカシングのための雑誌（A Journal for Focusing and Experiential Therapy）である「フォーカシング・フォリオ（The Focusing Folio）」，または「フォリオ（The Folio）」（1992 年にフォーカシング・フォリオを改名）を発行している。この雑誌にはフォーカシングと体験過程療法の理論的，実践的な論文やエッセイが載るが，掲載されている論文・エッセイのテーマは広範にわたっている。この雑誌に掲載された論文などから外国（英語圏）でのフォーカシングと体験過程療法の実践・研究が概観できると思われる。

雑誌に掲載された論文をはじめ，わが国の内外の雑誌や研究発表などの主要なテーマを分析すると，(1)フォーカシングの教授（法），(2)フォーカシングの方法や技法，(3)体験過程・フォーカシングの理論的，実際的問題，(4)臨床適用実践，(5)他の臨床的方法や技法との併用，(6)臨床以外の領域での適用，の 6 つに区分されるだろう。

これらを概観してみると，つぎの点が指摘できるだろう。

(1)インタラクティブ・フォーカシング，フォーカシング・セラピィ，夢フォーカシング，ビクス（BCS）法フォーカシング，複数フォーカシング法（MFM，複数ミニフォーカシングMMFM，複数フルフォーカシングMFFM），フォーカシング指向心理療法，心の宝さがし，などといった新しい教授・学習法，治療法が開発されてきている。

(2)自殺念慮・企図，癌，ボーダーライン，神経症，精神病，うつ病，性的虐待，近親姦，多重人格障害，心身症，放火犯，学習困難，不登校，家庭内暴力，無気力，情緒障害，小児癌，などの広範で比較的重症な患者，クライエントに対するフォーカシングの臨床適用が試みられている。

(3)催眠療法，ムーブメント療法，キャリアカウンセリング，プレイセラピィ，バイオフィードバック，ボディワーク，プリセラピィ，ブリーフ・セラピィ，自己主張訓練，戦略的セラピィ，グループワーク，ボイス・ダイアローグ，創造的問題解決，ペイン・マネジメント，ボディ・オリエンティッド・セラピィなどの他のセラピィや方法との併用が臨床場面で試みられたり，フォーカシングとの比較が論じられている。

(4)臨床場面以外では，スピリチュアリティ，セルフヘルプ，エンカウンター・グループ，創造性・問題解決，学校教育（小学校，中学校，高校，大学）などの領域にも広く適用されている。

このようにわが国の内外において，広範で多様な実践適用が試みられてきている。今後のフォーカシングの実践の展開が期待されるところである。

参考文献

Cornell, A. W. 1993 *The Focusing Guiding Manual* (3rd ed.) Berkeley, CA: Focusing Resources. （村瀬孝雄監訳 1996 フォーカシングガイド・マニュアル 金剛出版）

Cornell, A. W. 1994 *The Focusing Student's Manual* (3rd ed.) Berkeley, CA: Focusing Resources. （村瀬孝雄監訳 1996 フォーカシング入門マニュアル 金剛出版）

Cornell, A. W. 1996 *The Power of Focusing: A Practical Guide to Emotional Self-Healing.* New Harbinger Publications. （大澤美枝子・日笠摩子訳 1999 やさしいフォーカシング－自分でできるこころの処方－ コスモス・ライブラリ

星雲社）

Gendlin, E. T.　1981　*Focusing* (2nd ed.) New York: Bantam Books.（村山正治・都留春夫・村瀬孝雄訳　1982　フォーカシング　福村出版）

Gendlin, E. T.　1986　*Let Your Body Interpret Your Dream*. Wilmette, IL: Chiron Publications.（村山正治訳　1988　夢とフォーカシング　福村出版）

Gendlin, E. T.　1996　*Focusing-Oriented Psychotherapy: A Manual of the Experiential Method*. New York: The Guilford Press.（村瀬孝雄・池見　陽・日笠摩子監訳　1997, 1998　フォーカシング指向心理療法上，下　金剛出版）

Hinterkopf, E.　1998　*Integrating Spirituality in Counseling: A manual for Using the Experiential Focusing Method*. American Counseling Association.（日笠摩子・伊藤義美訳　2000　いのちとこころのカウンセリング―体験的フォーカシング法―　金剛出版）

池見　陽　1995　心のメッセージを聴く―実感を語る心理学―　講談社

池見　陽（編）　1997　フォーカシングへの誘い―個人的成長と臨床に生かす「心の実感」―　サイエンス社

伊藤義美　1978　「体験過程療法」と「焦点づけ（Focusing）」の技法について――焦点づけ技法の手続きと適用例――　名古屋大学教育学研究科学生（編）　教育心理学論集，8，60-76.

伊藤義美　2000　フォーカシングの空間づくりに関する研究　風間書房

伊藤義美（企画責任者及び指定討論者）・村山正治（司会者）ほか　1990　わが国におけるフォーカシングの現状と発展（自主シンポジウム）　日本心理学会第54回大会発表論文集，37.

村瀬孝雄ほか　1995　フォーカシング事始め―こころとからだにきく方法―　日本・精神技術研究所　金子書房

村山正治（編）　1991　フォーカシング・セミナー　福村出版

村山正治（編）　1999　現代のエスプリ（No. 382）　フォーカシング　至文堂

村山正治ほか　1984　フォーカシングの理論と実際　福村出版

伊藤義美

第2章

心の空間づくりに関する実践と研究

● 1　心の空間づくりの意義と臨床的適用

　フォーカシングの実際のプロセスは連続的なもので区分できるものではない。しかしフォーカシングを教えるために1．空間をつくる，2．フェルトセンス，3．ハンドルをつかむ，4．共鳴させる，5．尋ねる，6．受けとる，の6つのステップ（ムーブメント）が考えられている（Gendlin, 1981）。フォーカシングを教えるための第1のステップとして設定されているのが，心の空間づくり（Clearing a Space）である。

　心の空間づくりは，「問題や感情が，内的な自己と分離して存在するために，特定の空間や場所を内的に視覚的につくること」と定義できる。この空間づくりの意義としては，つぎの点が考えられる。

　(1)さまざまな問題群から離れて，ひと息つける心の空間を獲得すること（重荷おろし）

　(2)全体的で完全である存在の自然な状態に触れ，ライフ・エナジーを保有すること（ライフ・エナジーの備給）

　(3)問題と適切な距離をとって，全体をながめ，問題群をどのように整理したり，優先させるかを知ること（目録づくり）

　(4)問題と"我—それ"の関係をもつこと（3人称的な関係づくり）

　(5)ストレス軽減，リラクセーション，危機介入の方法として活用できること

　心の空間づくりは，フォーカシングの6つの動きのうちの第1の動きあるいはステップである。『フォーカシング』（Gendlin, 1987, 1981）では空間づくりに1章（7章　自分自身のために空間をつくる）がさかれ，空間づくりが重視

されている。この動きは「後の動きが続いて起こる可能性があるので，きわめて重要」となる。「過程が進行する間じゅう，自分がその中にい続けるような空間」がつくられると，「積極的な構え（positive set）」あるいは「身体―心の感受性（body-mind receptivity）」が獲得されるのである。フォーカシングでは，この空間づくりがベースになると考えられる。

　ジェンドリンの空間づくりは，快適な状態を邪魔している問題や気になる事柄を1つずつ思い浮かべて，それを自分から離れたところに置いておくという作業を問題や気がかりがなくなるまで続けるというものである。そしてつぎのステップでは，問題や気がかりを1つ選んで，それにフォーカシングをしていくことになる。しかしジェンドリンの体験過程の理論のなかには，特に空間づくりは入っていない（Gendlin, 1962, 1964）。このステップは，フォーカシングの教授を模索し，実践する経験のなかで設定されたと思われる。その扱い方も，かつてはフォーカシングの予備的な段階とみなされていた。ところが臨床場面では重症な患者やクライエントとの取り組みにおいて空間づくりの適用が工夫されるなかで，空間づくりが独自の意味をもつことが明らかになってきた。

　つぎに，心の空間づくりの臨床的適用の主なものをみていく。

　例えば，McGuire（1982）は，自殺念慮の2例への空間づくりを報告している。「夫を撃ち，自分も死ぬ」と訴える42歳の女性クライエントに「あなたの人生で，本当に幸せで，平和と感じたときがありますか」と問い，クライエントが「息子と船で旅行したこと」と答えると，その美しい場面をイメージさせた。クライエントと息子，そしてセラピストが3人で船に乗っていて，夫は岸にいるというイメージを誘導し，船が岸から十分に離れたところで岸にいる夫をときどき見るようにさせた。すると，クライエントは怒りを感じるけども前ほど激しくないと報告した。そして「捕われて閉じ込められている感じ」にしばらく留まるうちに涙を流し，深く傷ついていることを感じ始めたのである。

　2例目は，強いうつ状態の36歳の男性で，数年前に自殺企図があった。大変知的で，堅い状態で座り，決して感情を体験することがなかった。そこで漸進的弛緩法を行ってリラックスさせ，幸せだったときのことをじっくりと思い起こさせた。すると2分後に「12歳のとき，おじがディズニーランドへ連れていってくれた」ときのことが浮かんだ。ディズニーランドを描写してもらう

と，「おじと 2 人で小さなボートを漕いだ」ことを最もよく憶えていて，その場面を細部まで楽しげに話した。そこでクライエント，おじ，セラピストの 3 人が，今，その小さなボートに乗っていて，岸に立っている父を見ることができるかとセラピストは尋ねた。クライエントは「できない」と答えたが，父をチラッと見て目をそらすようにすると緊張しないと言われると，クライエントをそうすることができて，身体全体が楽になったのである。その感じに好きなだけとどまるよう求められたら，涙が流れ落ちた。そして「父のことで傷ついている。父を愛しているけど，たった今は憎いと感じている。父がしたことに大変怒っている」と語った。苦痛と傷ついたことを泣きながら話し続けた。話しを終えると，セラピストのもとにやってきたときよりも安心を感じたのである。これらの方法は，実際の快適な体験の記憶を想起させ，そこの地点から現在の苦痛な体験を見つめさせるもので，マクガイアーは「私（I）とそれ（it）とを分離させ，問題から離れた自己の感覚が賦活される」と述べている。

　Grindler（1982 a）は，40 代の大変知的な女性癌患者のS.に空間づくりを適用した事例を報告している。癌を再発したS.はうつ的になり，強度の不安発作に苦しんでいた。そこで全弛緩法（トータル・リラクセーション）の後で，OK と感じられる場所を見つける必要があると考えられた。つまり，「私は病気なの」という感覚を自己から離して置いておくことである。この「病気」という感覚を置くことができると，大きな空間が開かれ，このなかで快適なエナジーが現われた。その快適なエナジーのからだの感じにとどまり，ハンドルになることばを浮かべて，身体の感じと共鳴させた。このように彼女自身を病んだ部分から切り離して，身体とのポジティブな関係を育て始めた。こうして身体の中に「OK な場所」を確保することができ，そこに癒しの場所を発見するまでになった。

　Grindler（1982 b）は，境界例と診断された 27 歳の女性クライエントに空間づくりを適用した治療事例を報告している。クライエントがさまざまな問題をひととおり述べ立てた後で，「解決すべきいろんな問題があるとしても，あなたが OK と感じられるような場所があなたの中にありますよ」と伝えると，クライエントはとても穏やかになった。この作業を繰り返しながらフォーカシングを，特に空間づくりとフェルトセンスをクライエントに教えた。空間づく

りでは,「しつっこい部分(妄想の部分)」を自己からなんとか分離して置くことによって,大きな解放感をもたらした。こうして否定的な経験をすべて傍らに置ける状態をつくり出して,「OK と感じられる場所」を体験し,「リラックスすることができて,物事を客観的に見ることができます」と述べるまでになった。それまで圧倒されていたクライエントの自己を回復させて,さまざまな問題から距離をとったときのリラックスした状態を体験させたのである。

　Kanter(1982)は,癌患者との空間づくりを報告している。女性の癌患者に対して身体のリラクセーションを行い,つぎに OK であると感じるのを妨げているものを身体の中に見つけるように促し,見つかったらそれを置ける場所を自分の外につくるようにした。肺機能の障害をもつこの癌患者は,初めは身体感覚の全般を無視する傾向が強かった。彼女は「私には本当に癌などないんだわ,と思い込ませてきた」のだった。リラクセーションによって信頼感がつくられ始めた第3セッションでは,「疲労感」,「仕事や家族のこと」を自分の外に置いた後,「疲れていても快活にしていなければならないというイメージ」が現われ,クライエントは「これを私から分けられるとは思わなかったわ!」と言って笑った。それを外に置いて「OK の場所」を獲得した後,その場所のイメージとして「重さがない感じ」が報告された。第6セッションでは,OK の場所は「自分の肺だと思うわ」と述べ,「これまで肺は私を脅かすものでしたが,今は肺と一緒にいて幸せです」と話し,肺の中に侵襲してくるものと戦っている癒しの場所を発見したのだった。

　Gendlin(1982)は,ただ気がかりなことを置くだけでなく,さらに背景感情あるいは感覚(background feeling)を置いたり取り扱うことによって「間を置く」ことをさらに徹底させている。空間をつくって,ライフ・エナジーを感じることができれば,「フォーカシングのその後の展開に大変役立つ」としている。

　わが国でも,増井(1984)は非定型ないし境界例と診断された25歳の男性に対して,弓場(1985)は緊張が強く落ち着けない12歳の子どもとのプレイセラピィに空間づくりを適用した事例を報告している。吉良(1991)は,空間づくりに含まれている心理的作業について論じているが,とりわけ問題に対処しうる能動性の感覚の賦活,主体感覚の賦活が重要であると思われる。

このようにフォーカシングに新しい展開が現われてきた。臨床場面において空間づくりが重視され，特に大変困難な状況にある人々に対して治療的に活用されてきている。しかもジェンドリンのやり方をそのまま適用するのでなく，ジェンドリン法をもとに空間づくりの実際的な適用には少しずつ工夫がこらされているのが特徴である。

● 2　空間づくりの方式と用い方

　フォーカシングの入り方には，これまで(1)気がかりから入る気がかり方式，(2)今の身体の感じから入る身体の感じ方式，および(3)最近の生活気分から入る背景感情（バックグラウンド・フィーリング background feeling）方式が考えられている。ところが空間づくりのやり方は，原理的にはすべて同じであると考えられる。気がかりから入る気がかり方式の空間づくりは，気がかりな事柄（問題，出来事，感情，経験など）を順次に思い浮べて，それを1つずつ自己から離して置いていくやり方である。そしてスッキリしなければ，さらにその背後の背景感情そのものをどこか外に置くやり方である。ジェンドリンは身体の感じ方式の空間づくりというものを特に示していないが，気がかり方式と同じやり方が考えられる。つまり気になる身体の感じを順次置いていくやり方である。
　しかし一方では，ジェンドリン法の空間づくりとはかなり異なる方法で空間づくりを行ったり，フォーカシングを行ううえで空間づくりは必ずしも必要ではないという見方が提出されてきている。
　井上・白岩（1987）は，呼吸法やボディワークなどで身体そのものを十分にほぐすことから入り，ジェンドリン法とは違って「身体に空間をつくる」ことを主張している。
　Hendricks（1984）は，フォーカシングのデモンストレーションにおいて問題を置く形の空間づくりを行わないでフェルトセンスを形成させるところからフォーカシングを行っている。
　Cornell（1994）は，空間づくりは必要な場合にのみ行うものとして，空間づくりをオプションとして扱っている。これは，彼女がフォーカシングを教え

ている対象が健常者であることも関係しているだろう。彼女は，フォーカシングを教えるフォーカシング教師の立場から5つのスキル（技能）と5つのステップ（段階）を提唱している。ここでスキルはフォーカシングが可能になる内的環境をつくり出すもので，必要なときにはいつでも呼び出して用いるものである。ステップは，プロセスにおいて順序通りに行われることが必要な部分である。スキルの1つに「関係を見つける」があるが，これは内的な体験と正しい距離を見つけることで，空間づくりとほぼ同じ意味合いをもつと理解してよいだろう。ステップとして入れるかどうか，いかなる名称を用いるかは別として，コーネルも空間づくりがつくりだす内的状態を重視していると考えられる。

　1993年に筆者がシカゴ大学心理学研究科に留学したときに参加したシカゴ・フォーカシング研究所のワークショップでは，フォーカシングのステップとして特に空間づくりをしなかった。ジェンドリン自身もワークショップにおいてフォーカシングや夢フォーカシングにおいても最初に空間づくりを行わないで，セッションの中で適宜に行っていた。夢フォーカシングを扱った，1986年のジェンドリン著の『夢とフォーカシング（原題：Let Your Body Interpret Your Dreams）』では，空間づくりは取り入れられていない。1987年に再来日したときにジェンドリンが行ったフォーカシングによる夢解釈の説明や3つのデモンストレーションにおいても，必要だと思われるときに空間づくりを行うという用い方がなされている（村山，1991）。

　ジェンドリンの最新の著書である『フォーカシング指向心理療法（Focusing-Oriented Psychotherapy, 1996）』においては，フォーカシングの最初ではなく途中や終わりにおいて，空間づくりの教示が有効に用いられているフォーカシングの実例がいくつかおさめられている。例えば，第8章（「フォーカシングの教授からの抜粋」）の抜粋4や抜粋9，第10章（「あるクライエントの心理療法からの抜粋」）の抜粋A，抜粋B，抜粋Gなどでは，空間づくりが適宜行われている。第8章の事例はジェンドリン以外の人がガイディングを行ったものであるが，第10章の事例はジェンドリン自身がサイコセラピストとなって行ったものである。

　このように空間づくりは，実際場面ではフォーカシングの最初のステップとしていつも行われるべきものではないといえる。実際にはフォーカサーにとっ

て必要な場合にその都度空間づくりを行うが，必要がなければ行わないでもすむのである。

　ジェンドリンの空間づくりは，問題との距離が近すぎる人（近すぎる過程）の場合に特に有効であるが，問題との距離が遠すぎる人（遠すぎる過程）の場合には別の教示を工夫する必要がある（Cornell, 1991）。空間づくりは，フォーカシングのステップ，あるいはスキルとして対象，目的，必要性などに応じて多様的，弾力的に，また創造的にさえ用いられるべきものと考えた方がよさそうである。しかしフォーカシングを教える，あるいは学ぶ初期段階には，きちんと空間づくりを教え，あるいは学び，その体験の意味と具体的な用い方についての理解とスキルを体得しておく必要があると考えられる。ガイドやフォーカサーが空間づくりを用いないというのと活用できないというのでは，実質的に大きな違いがあるからである。つまり，必要ならば用いることができるということは，こころに安心感とゆとりをもたらし，そうした態度がフォーカシングの進行にとってプラスに作用することがあると考えられる。

　空間づくりを中心としたフォーカシングの展開を考えた場合には，臨床場面のみならずメンタルヘルスやセルフヘルプの分野での適用の可能性が大きいと思われる。臨床的にはあるいはフォーカシングの教授・学習において空間づくりが活用されているが，空間づくりそのものの基礎的な研究がまだ少ないといえる。空間づくりがどのような体験なのか，どのような要因と関係があるのかなど明らかにされる必要があるだろう。

● 3　空間づくりの学校教育への適用

　児童・生徒のこころの健康を考えるとき，治療のみでなく予防や開発（発達）の観点からも学校教育へのフォーカシングの適用は，大きな問題である。これまで教師によっていくつかの実施の適用が報告されている。

　池田（1978）は，自己内の対話を促す指導として焦点づけを中学生の生徒指導に適用している。短学活の5分ほどでクラス集団に実施したり，「自己内の対話ノート」を個別指導に用いたりしている。岡崎（1984）は，フォーカシングの高校生への適用を報告している。

村山（1984）は，学校教育におけるフォーカシングの実践の展開を論じている。友野（1984）は，小学生3年生を対象に「気持を整理する」ために，帰りの会の時間に箱イメージ法と箱イメージ書き込み法を用いて集団でフォーカシングのクリアリングスペース（空間づくりのこと）の実践を行い，観察と作文などでその効果を確認している。

柳井（1984）は，中学1年生を対象に行ったフォーカシングのクリアリングスペースを報告している。これは，授業時間の終わりの20分を用いて，「気持を整理する」ためにクラス集団で行ったものである。松下（1987）は，学校現場におけるフォーカシングの試みを報告している。

妹尾（1988）は，小学生に対して箱イメージ法を用いた集団フォーカシングの実践を報告している。桑原（1988）は，個を大切にする児童活性化にフォーカシングを活用している。

久保田（1988）は，「心の整理」と称したペーパー・フォーカシングを中学生（主として2年生）に実施している。

小林（1989）は，箱イメージ書き込み法を用いて小学生6年生1クラスに適用したクリアリングスペースの効果を実証的に検討している。自尊感情，不安傾向診断検査（GAT），学級適応検査（SMT）などが用いられている。

小学生を対象にしてビクス（BCS）法フォーカシングの約2年間の実践研究が報告されている（伊藤・村山，1993，1994；伊藤，1994；伊藤，1995；伊藤，2000）。ビクス法は，簡単なボディワーク，2種類の空間づくり（身体の感じ方式と気がかり方式），シェアリング（個別とクラス）から構成されている。

これまで学校教育におけるフォーカシングの適用は，フォーカシングの中でも主として空間づくりの部分が多く用いられている。しかも気がかり方式の空間づくりが多く用いられている。実際の実施者は，いずれもクラス担任などの教師である。対象は小学生，中学生，高校生，大学生であるが，特に小学生が多い。フォーカシングの個別実施もあるが，クラスへの集団実施の方が多い。実施の時間帯は，ショート・ホームルームの時間が多く利用されている。適用の期間は比較的短期のものが多くて，長くてもせいぜい1年または2年の適用でそれ以上の長期のものは報告されていない。

フォーカシングを学校教育のなかにどのように適用するか，どのような体験をもたらすのか，どのような意義があるのかなどは，さらに検討を要する重要な課題である。

4 空間づくりの教授・訓練

フォーカシングは，心理療法・カウンセリングの方法であるばかりでなく，心理的な成長に関心をもち自己の気づきを高めようとする人に教授することができる。フォーカシングをどのように教えるか，どのように学ぶかは，重要な問題である。空間づくりは，フォーカシング学習の第1ステップであり，フォーカシングの教授・学習には不可欠と思われる。したがってフォーカシングを学ぶことは，空間づくりを学ぶことでもある。

Gendlin（1979）は，「どのようにフォーカシングを教えるか」という論文において第1ステップ「空間をつくる（making space）」とともに，第6ステップとして「やってくるものにはなんでも，快適な空間をつくる（making a good space for whatever has come）」を設定している。「この最初の部分は，私のフォーカシングの教授においてかつてよりもはるかに重要になってきている」と述べている。そして第6ステップでは，「やってきたものとともにいることで，快適な，友好的な空間をつくる」としている。この第6ステップは，Gendlin（1981）では，「受け取る（receiving）」に変えられている。しかし1979年の段階ではステップとして空間づくりが2度設定されており，ジェンドリン自身が空間づくりを相当重視していたことがうかがえる。

フォーカシングの教授・訓練には，いくつかのプログラムが提出されている。Olsen（1978）の「9ユニットのフォーカシング訓練プログラム」では，1．導入，2．フォーカシング・アウェアネスとトラブル・ロケーション，3．リラクセーションとフォーカシング，4．ボディ・センシング，5．フェルト・センシング，6．全体のセンシング，7．焦点の選択と質問を尋ねる，8．フェルトセンス，9．後に下がる：困難な感情と取り組む，となっている。このプログラムでは空間づくりは，ユニット9の「後に下がる：困難な感情と取り組む」に「想像を用いて，ある距離をとって問題を置く」という形でふくまれ

ている。

　Hinterkopf（1983）は，3段階の訓練プログラムを提唱している。つまり，段階1：3つのことにフォーカスし，話す（1．身体がどのように感じているか。2．情動　3．aboutnessあるいは，これらのからだの感覚や情動をなぜもっているか。），段階2：フェルトセンス，段階3：問題全体がどのような感じか触れる，となっている。フォーカシング・サイクルは，4つの部分（1．身体の感覚　2．情動　3 a. aboutness：すでに知っていることば　3 b. let-come-aboutness：フェルトセンスから生じる新しいことばかイメージ　4．そのこと全体がどんなふうかという感覚）と4つの原理（1．なんでも身体で確認する　2．受け入れる　3．一緒にいる　4．一定の距離を保つ）をもつものとされている。この訓練プログラムにおいて空間づくりと特に関係が深いのは，原理の1つに挙げられている「一定の距離を保つ」である。なお，村山（1980）は，このヒンターコプフ法による学習プログラムと具体例を報告している。

　フォーカシングの教授法に関して行われたシカゴのフォーカシング・トレーナーたちの討論（1979）の中には，『他のアイデアと示唆』の箇所に「落し穴に落ちるのを避ける方法」としてつぎの5つの点が挙げられている。

　a）それを箱に入れ，その端をちょっともち上げて，その中を覗き込む。

　b）それから後に下がる。それを壁に掛かった絵だと考える。絵全体を見るためには，それから十分離れたところから見なくてはならない。

　c）あまり急いでその中に飛び込んではいけない。それのまわりをまず歩く。そうなのだ，旋風はそこにあって，それを感じる時間を自分自身に与える。

　d）自分とそれとの間にドアをつくり，手をドアのノブに置く。ドアをほんの少し開けて，中へ入れるようにコントロールする。

　e）よろしい，それは大変なものなので，すぐには取り扱うことができない。今，それがどこにあるかはわかっている。ひと休みしよう。少し時間をとって，後でそれに戻ることができる。

　ここに挙げられている内容はまさに心の空間づくりの作業であり，心の空間の具体的なつくり方である。空間づくりの具体例が，落し穴を避ける方法としてきちんと明記してあるといえる。しかし空間づくりがフォーカシングの中核

的なものとは必ずしもみなされていないといえよう。

　大田（1984）は，1981年頃のシカゴ・フォーカシング研究所のフォーカシング・インストラクションの改善について報告している。第1段階（「間をおくこと」）を「ていねいに指導し，ゆっくり，きちんと行うこと」を重要視するようになったことを述べている。また養成プログラムとして，3ヵ月の長期研修プログラム（週2回）と年6回のワークショップ（金〜日）の2本立てが提供されている，と報告している。

　1993年度にシカゴ・フォーカシング研究所は29のプログラムを提供しているが，フォーカシングを学習し，深めるためにフォーカシング・レベルⅠ，Ⅱ（いずれも年4回ずつ），Ⅲ（年2回）が用意されている。これらは，いずれもウィークエンドの金，土，日の3日間である。フォーカシングを学ぶためにフォーカシング・レベルⅠとⅡは必須とされていた。ところが1994年度からは，レベルⅠ，Ⅱ，Ⅲはコア・カリキュラム：レベルⅠ〜Ⅴに変更されている。ちなみに，レベルⅠ：フォーカシングと初級共感的リスニング（8回），レベルⅡ：フォーカシング，中級共感的リスニングおよび初級ガイディング（4回），レベルⅢ：フォーカシング，アドバンスド共感的リスニングおよび中級ガイディング（4回），レベルⅣ：ティーチング/ラーニングのコーチ・モデル（3回），レベルⅤ：ティーチングのラーニング（2回）となっている（伊藤，1994）。

　伊藤（1997，1998，1999，2000）は，身体の感じ方式と気がかり方式の空間づくりを小グループで学習する方法として複数フォーカシング法を提案している。空間づくりを中心に扱うものを複数ミニフォーカシング法として，フォーカシング・プロセス全体を扱うものを複数フルフォーカシング法と区別している。

　これまでみてきたように空間づくりは，フォーカシング教授のステップとして，スキルあるいは原理として重視されている。重視されているわりには，実際に具体的に空間をどのようにつくるかについては十分な検討がなされていない。フォーカシングを効果的にしたり空間づくりの機能を活用するためにも，こうした空間づくりの学習・訓練がもっと積極的に考えられていく必要がある。また，空間づくりの学習・訓練の適切な方法も開発されなければならないだろ

う。空間づくりを実際にどのように教えるか，また用いるかは，まだ大きな課題として残されていると思われる。

　1996年にはフォーカシング研究所のディレクターが，ジャネット・クラインからジェンドリン，M. H. に代わり，研究所もシカゴ市からニューヨーク郊外の Spring Valley (The Focusing Institute ,Inc. 34 East Lane, Spring Valley, NY 10977, USA. Phone: 1 (800)799-7418, Phone/Fax: (914) 362-5222, Email: info@focusing.org または Gendlin@aol.com.www.focusing.org) に移っている。フォーカシング研究所も新たな段階を迎えている。

参考文献

Gendlin, E. T.　1981　*Focusing* (2nd ed.) New York: Bantam Books. (村山正治・都留春夫・村瀬孝雄訳　1982　フォーカシング　福村出版)

Gendlin, E. T.　1986　*Let Your Body Interpret Your Dream*. Wilmette, IL: Chiron Publications. (村山正治訳　1988　夢とフォーカシング　福村出版)

Gendlin, E. T.　1996　*Focusing-Oriented Psychotherapy: A Manual of the Experiential Method*. New York: The Guilford Press. (村瀬孝雄・池見　陽・日笠摩子監訳　1997, 1998　フォーカシング指向心理療法上，下　金剛出版)

池見　陽　1995　心のメッセージを聴く―実感が語る心理学―　講談社

池見　陽 (編)　1997　フォーカシングへの誘い―個人的成長と臨床に生かす「心の実感」―　サイエンス社

伊藤義美　2000　フォーカシングの空間づくりに関する研究　風間書房

村瀬孝雄ほか　1995　フォーカシング事始め―こころとからだにきく方法―　日本・精神技術研究所　金子書房

村山正治 (編)　1991　フォーカシング・セミナー　福村出版

村山正治ほか　1984　フォーカシングの理論と実際　福村出版

伊藤義美

第 3 章

付箋紙を用いた空間づくりの実践

1　はじめに

　空間づくり（Clearing a Space）は，フォーカシングを教授・学習するための最初のステップである（Gendlin, 1981）。この空間づくりは，フォーカシングが全体としてスムーズに進行するのを保障する基盤として重要である。またこのステップをストレス軽減法などとしても独立して活用することができる。空間づくりでは，フォーカサーがその具体的な内容が他人にはわからない形で対処できるという利点があり，さまざまな活用が報告されつつある（伊藤, 2000）。しかし特に小学生や中学生などが対象となる場合には，話しことばにあまり頼らずに，ゲーム感覚や遊び感覚で行われる空間づくりの方法の開発が求められる。

　ここでは，話しことばをあまり用いないで行われる比較的簡便な空間づくりを提案し，それを適用したグループ事例を 2 例報告して，その意義と特徴を検討する。その方法は，いわゆる気がかり方式の変形で，市販の付箋紙を活用する空間づくりである。付箋紙を用いることで，気がかりの視覚的客観化が進むと考えられる。

2　付箋紙を用いた空間づくり

1）必要な材料

　①市販の付箋紙。これには，色，大きさ，形，材質などさまざまなものがある。

②付箋紙を貼る台紙となるＡ４またはＢ４の白紙。または色紙を用いてもよい。

　２）**適用人数**　1人でも，小グループでも，多人数でも可能である。筆者は，小グループで行うことが多い。

　３）**折り曲げる・ちぎる・貼る・はがしてまた貼ること**　コラージュ法では台紙に紙片をのり貼けする。コラージュ法と異なり，付箋紙法では付箋紙の一部を貼るだけで，一度台紙に貼っても簡単にはがして，また貼ることができる。付箋紙を適当な長さや形に折り曲げたり，切ったりちぎったりすることもできる。

　４）**複数回繰り返すこと―少なくとも2回繰り返す―**　気になることがフォーカサーの心のなかから一応なくなるまで，この作業を繰り返すことになる。だいたい2回繰り返すと，納まりがつくことが多い。個人によっては，それ以上の回数を繰り返すことも可能である。

　５）**付箋紙を用いた空間づくりの手続き**

1．第1回目の空間づくりを行う。

　①内側に注意を向けて，いま，どんな感じだろうか，としばらく静かに感じる。

　②いま，快適だろうか，快適にさせていないものがあるとすればどのようなものがあるだろうかと自分のなかで問いかけて，しばらく待つ。

　③浮かんできたものの簡単な名前（見出し）を1という番号とともに付箋紙に書き，台紙上のどこかに貼りつける。どこにどのように置くと，しっくりするかを確認しながら，台紙に貼る。

　④気になることを1つ自分の外に出して，置いたときの感じをよく感じる。

　⑤この気がかりが外に出れば，心のなかは快適だろうか。快適にさせていないものがまだあるとすると，どのようなことだろうか。気になることや気持ちがあるとすれば，どのようなことだろうかと問いかけて待つ。

　⑥次に，浮かんできたものの簡単な名前（見出し）を2という番号とともに付箋紙に書き，台紙上のどこか適当なところに貼る。その事柄が書かれた付箋紙を貼る場所がしっくりするかどうかを確認して，必要ならば位置を変えて適切な場所に貼り直す。

⑦気になることを2つ自分の外に出して置いたときの感じを感じる。

⑧このような作業を順に繰り返し，気になることや気になる気持ちが心のなかからひとまずなくなるまで行う。この作業によって心のなかに空間（余裕，ゆとり）ができることになる。

⑨空間づくり体験のふりかえりとそのシェアリング（共有）をグループで行う。

2．同様の手順で2回目の空間づくりを行って，その後で体験のふりかえりとそのシェアリングをグループで行う。

3．必要ならば3回目の空間づくりを行って，その後で体験のふりかえりとそのシェアリングをグループで行う。なお，この場合は，空間づくりを必要とするものに限られる。

1回目と2回目の空間づくりの手順の最初において，「私（フォーカサー）」が台紙上のどこかにいるとすると，どこに存在するかを台紙に記入してもらうこともできる。本報告では，グループYにおいてそのような手続きを最初に入れた。グループXでは，1回目と2回目の空間づくりが終わった時点でそのような手続きを入れている。また，小グループで行うことが多いが，ふりかえりとシェアリング以外の空間づくりの段階では，複数フォーカシング（伊藤，1995）ほどにはガイドとフォーカサーの相互作用が多くない。

● 3　付箋紙を用いた空間づくりのグループ事例と検討

1．事例1　インタレスト・グループでの空間づくり

あるカウンセリング研修会でのインタレスト・グループ（IG）で行われたものである。フォーカサーはA，B，C，D，Eの5人で，いずれも養護教諭（女性）である。年齢的には30～50代である。フォーカシングについての知識や経験はない。5人のフォーカサーは，図3-1のように机の回りに腰かけて作業を行った。台紙としてB4大の白紙を用いた。付箋紙は3色〔ピンク(p)，イエロー(y)，ブルー(b)〕である。ガイドは筆者である。ガイドの教示によって5人全員で行い，それぞれのペースで取り組むことが尊重された。1回目の空間づくりが終わったところで，左回りにA，B，C，D，Eの順で体験を

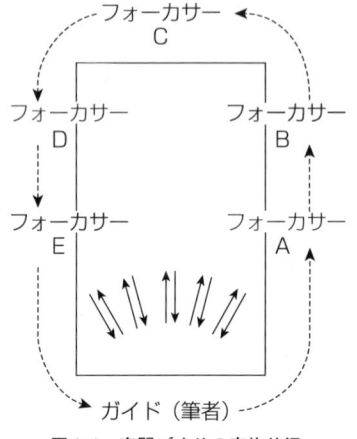

```
              フォーカサー
                  C
         ┌──────────────┐
  フォーカサー│              │フォーカサー
    D    │              │   B
         │              │
  フォーカサー│              │フォーカサー
    E    │  ↕ ↕ ↕ ↕ ↕   │   A
         │              │
         └──────────────┘
            ガイド（筆者）
```

図 3-1 空間づくりの実施状況

話し合い，シェアリングを行った。つぎに 2 回目の空間づくりを行い，終わったところで同じ順で体験を話し合い，そのシェアリングを行った。なお，1 回目と 2 回目の空間づくりが終わった時点で，フォーカサーである「私」が台紙上のどこかにいるとすると，どこに存在するかを台紙に書き入れてもらった。

(1) 付箋紙を用いた 1 回目の空間づくり

フォーカサーA：①夏休みに入院している生徒のこと　②夏休み中に片づけなければいけない仕事　③2 学期からの保健室（以上，b）　④すぐ「スミマセン」と言ってしまう自分を指摘されたこと（p）　⑤部屋の片づけのこと　⑥娘の夏休みの宿題のこと　⑦郵送しなければいけないもの　⑧長男のこと（以上，y）　浮かんできたのは，以上の 8 個であるが，どの順番で浮かんだのか順番が記入されていない。

フォーカサーB：①娘の大学受験，うまくいくかな（p）　②校内研修のレポート（y）　③郡市教研の司会（b）　④夕ごはんの支度（p）　⑤○○ちゃん，どうしているかな（y）　⑥二女の帰国（b）　⑦もうすぐ 2 学期（y）　⑧職員旅行の会計（p）　⑨けいたい電話の電池（b）　⑩お見舞い（p）　以上の計 10 個が，記された順に浮かんでいる。

フォーカサーC：①明日午前のセッションのこと（b）　②体調のこと（y）　③11月の部会での提案のこと（p）　④8月の職員会議までの準備のこと（p）　⑤あずけてきた子どものこと（p）　⑥新しい家のこと（b）　⑦新学期からのこと（b）　⑧転校後の子どものこと（y）　⑨子どもの体のこと（y）　以上の計9個が，記された順に浮かんでいる。

フォーカサーD：①来年住む所（長女入院に際し）（p）　②長男の進学のこと（y）　③夫の腰痛のこと（b）　④生徒のこと（Sさん，Rさん）（p）　⑤母の病気のこと（y）　⑥実家の家のこと，後継者？（b）　⑦来年のわが家の生活のこと（p）　⑧夫の仕事のこと（y）　⑨カウンセリング（b）　以上の計9個が，記された順に浮かんでいる。

フォーカサーE：①旅行のチケット（p）　②友だちに会わなければならないか…（y）　③メールが届いているかな？（b）　④ラーメンを食べにいくべきか…（b）　⑤眼科に行っておかないと…（y）　⑥セッションのこと（p）　⑦旅行のこと（p）　⑧体調はいいのだろうか…？（b）　⑨どうだったのかな？（p）　⑩学校のこと忘れている…（y）　⑪異動はどうしよう…。（p）　⑫どうしているのかな（p）　以上の計12個が，記された順に浮かんでいる。

(2)　1回目の空間づくり体験のふりかえりとシェアリング

フォーカサーA：8個。新しいことが1つ，他は日頃から思っていること。整理されたかなという感じはする。自分自身のことは，真ん中。その上下は解決しなくてはいけないもの。横はすぐには解決できないもの，様子をみないといけないもの。

フォーカサーB：10個。気になることが一番上で大事な娘のこと。そのつぎは，身近に迫ってきていて早く片づけたいことで，職場のこと。その下に，それほど気にならないこと。端（横）は，とりあえずすぐ片づくもの。左端の真ん中はどうにもならないことで，つねに気にかかっていること。10個もスラスラかけるとは思わなかったので，自分が思っていたほど安定していないのかな。

フォーカサーC：9個。いま，一番ひっかかっていることが一番真ん中。起

こりそうな心配事は右と左に分けて、左は大事にしたいこと、右の方の上は仕事のことですぐには解決できないこと、何が起こるかわからないこと。下のほうは、思いつめているのではないけれど、気になっている、頭のどこかにある。家族、子どものことが気になっていて、夫のことはあまり気にしてない。<u>体調のことを書いたらちょっと落ち着いた。ここに目の前にことばとして出して第三者的に見ているような感じで、自分のなかで落ち着いてきたかな。</u>

フォーカサーD：全部で9つ。家族のことが5つ、ここに来て悩んでいることが1つ、将来設計が2つ、学校のことが1つ。<u>上に置いた3つで、1番目、2番目と7番目に出てきたのが重要なもの。</u>

フォーカサーE：12個。差し迫ってしなければならないことがあって、それにかかわることがボンボンと出てきた。あれもこれもというのは、縦に貼る。最後の2つが、気になることで大きいのかな。頭のなかで考えていると、ぐるぐる回っているけど、貼るとちょっとすっきりする。あのときに気にしていたけど、今はたいしたことないなぁ～。

(3) 付箋紙を用いた2回目の空間づくり

フォーカサーA：①Uちゃんのこと　②早く片づけなくてはいけない仕事　③2学期の保健室のこと（以上、b）　④自分の性格　⑤うまく話せない自分　⑥人とのかかわりのこと　⑦昨日のセッションで指摘されたこと（以上、p）　⑧娘のこと　⑨長男のこと（以上、y）　以上の計9個だが、浮かんだ順番が記入されていない。

フォーカサーB：①長女の大学受験（p）　②二女の帰国（p）　③校内研修のレポート（y）　④職員旅行の会計（y）　⑤お見舞い（b）　⑥教研の司会（b）　⑦保健室登校の生徒（y）　以上の計7個が、記された順に浮かんでいる。

フォーカサーC：①体調のこと（b）　②明日のS5のこと（p）　③夫のことを気にしない自分（p）　④夫との会話の時間がとれないこと（y）　⑤あずけてきた子どものこと（p）　⑥11月の部会の提案のこと（b）　⑦職員会議の準備のこと（b）　⑧転校後の子どものこと（b）　⑨新しい家のこと（y）　⑩子どもの体のこと（y）　以上の計10個が、記された順に浮かんで

いる。

フォーカサーD：①長男の進学のこと（p）　②長女の守りのこと　住む所により（p）　③今後の生活設計（p）　④カウンセリング（b）　⑤夫のこと（b）　以上の計5個が，記された順に浮かんでいる。

フォーカサーE：①将来のこと（p）　②両親の健康（b）　③歯の治療（p）　④友だちの体調（p）　⑤自分のからだのこと（p）　⑥インタレストグループはこの先…（b）

以上の計6個が，記された順に浮かんでいる。

(4)　2回目の空間づくり体験のふりかえりとシェアリング

フォーカサーA：9つ。さっきは自分自身のことは1つだったけど，2回目はそれにかかわることが思い出されてきて4つに増えた。それが真ん中にどーんと並んでいる。家族のことが4つから2つになった。なくなった2つは，自分の内面にかかわるもので，それに変わったのかも。仕事にかかわるものが3つ。1回目は頭の中が整理されたかなという感じだったけど，2回目はさほどスッキリした感じはない。自分の内面にかかわることなので，すぐにはそう解決できるものではない。

フォーカサーB：3つ減って7つ。大きく気持ちをしめているものの2つは同じ。気になることが明確になった。わりとスッキリ整理された。学校関係が4つで，その3つはおおむね片づいてしまう。もう1つはじっくりと見つめていかないといかんことかな。もう1つ残ったことは，面倒臭いなという気がするけど，ここから帰ると片づいちゃう。1回目よりも貼り方もスッキリしているし，頭の中ですごく整理されたな。

フォーカサーC：10個になった。さっき一番気になることで真ん中にバーンとあげてあったのが，1つは時間とともに解決していくので消えるということで，端っこに寄っている。体調のこともももうはずせると思ったけど，どっかにまだ残ってて，真ん中に置くほどでもなくて端のほうに。仕事のことは真ん中のほうに。具体的でないものは消えた。さっき気づいた部分がすごく気になってきて，呼び出されたみたい。開けたくないとどっかへ追いやった。なんとかしたいな，変わりたいなという気がしてきた。自分の中で差し迫ったのは，真

ん中に貼りたいなという感じで貼ってる。いま，すぐというのではないのは端のほう。

フォーカサーD：9つが5個に。上の方にあったのが，こっちに左に寄ってしまって。こっち（右のほう）にこんなに広いスペースがある，開いてしまった。やっぱり家族のことが心配。長男や夫のこと。次男は出てこない。人間関係などは，外れた。

フォーカサーE：12個が6個に。最初に書いた2つは不安にずっと思っていること。忘れるように気にしないようにしている。同じことが2つで，どうなるかわからないけど起きることに責任を感じるので気になっている。

2．事例2　研修会のセッションでの空間づくり

あるカウンセリング研修会のあるセッションで行われたものである。フォーカサーはF，G，H，I，Jの5人で，いずれも養護教諭（女性）である。年齢的には30～50代である。フォーカシングについての知識や経験はない。5人のフォーカサーは，机の回りに腰かけて作業を行った。台紙としてA4大の白紙を用いた。付箋紙は3色〔ピンク(p)，イエロー(y)，ブルー(b)〕である。ガイドは筆者である。ガイドの教示によって5人全員で行い，それぞれのペースで取り組むことが尊重された。1回目の空間づくりが終わったところで，左回りにF，G，H，I，Jの順で体験を話し合い，シェアリングを行った。つぎに2回目の空間づくりを行い，終わったところで同じ順で体験を話し合い，そのシェアリングを行った。なお，1回目と2回目の空間づくりが始まる前に，フォーカサーである「私」が台紙上のどこかにいるとすると，どこに存在するかを台紙に書いてもらった。

(1) 付箋紙を用いた1回目の空間づくり

最初にその台紙のどこかに「私」がいるとすると，どこに存在するかを記入してもらった。

フォーカサーF：①自分自身のこと（p）　②こどものこと（y）　③職場のこと同僚（b）　④健康（けが）（p）　⑤仕事（夏休みの宿題）（p）　⑥家族（y）　以上の計6個が，記された順に浮かんでいる。

フォーカサーG：①家族（p）　②同僚（b）　③健康（b）　以上の計3個が，記された順に浮かんでいる。

フォーカサーH：①子ども（お姉ちゃん）の対応はいいのか（p）　②残りの夏休み忙しすぎる！（b）　③おばあちゃんの体調はどうかな（p）　④このままでいいのかな（y）　⑤こどもの声がききたい（学校）（b）　以上の計5個が，記された順に浮かんでいる。

フォーカサーI：①彼氏（b）　②私自身の人間性（p）　③職場の人間関係（y）　④お母さん（p）　以上の計4個が，記された順に浮かんでいる。

フォーカサーJ：①自分をさらけ出せない（b）　②人に気をつかう（y）　以上の計2個が，記された順に浮かんでいる。

(2) 1回目の空間づくり体験のふりかえりとシェアリング

フォーカサーF：6つ。左側に集まっている。なんとなくフッと浮かんだもの。なんかいっぱい抱えているのやな。

フォーカサーG：3つ。すごく気になっているわけではないので，付箋紙が大きいので小さく切った。毎日気になっていることではないので，付箋紙は小さい方がいいなと思った。色は水色とピンクで，反対のものにした。いま，ちょっと幸せかなと改めて感じる。落ち着いていられる自分がある。振り回されて大変だと思ってたことが，生きがい，幸せだなと思いました。

フォーカサーH：5枚。家のこと，学校のこと，自分自身のこと。集まっているのは自分の身近な家族のこと。後は心配なんだけど遠ざけたい。学校のことも1つは近くに，もう1つは遠くに置きたいなあ。ちょっと落ち着いて，あーそうか自分はこう思っているのやと確認できた。

フォーカサーI：4つ。すごく限定されている。1つ1つが凝縮されている。その場所がしっくりくるなと思ったけど，全体としてバランスが悪いなと思うが貼り直す気にならない。

フォーカサーJ：2枚。いつも思っていること。遠ざけたいけど，自分の手の届くところに置いている。水色が一番気になる。マイナス・イメージがある。黄色はそのなかにこのことも含まれるかなというので，第2かなと。一部分なんやなと。関係はあるけど，分かれている。

(3) 付箋紙を用いた2回目の空間づくり

最初にその台紙のどこかに「私」がいるとすると，どこに存在するかを書き入れてもらった。

フォーカサーF：①健康（体力）（p）　②家族（こども）（y）　③職場（同僚）（b）　④仕事（b）　以上の計4個が，記された順に浮かんでいる。

フォーカサーG：①生徒（b）　②学校（b）　③家族（p）　④健康（y）以上の計4個が，記された順に浮かんでいる。

フォーカサーH：①下（妹）はどうかな（p）　以上の計1個が浮かんでいる。

フォーカサーI：①彼氏のこと（b）　②自分の人間性（p）　③職場の人間関係（y）　④お母さんのこと（p）　⑤皮膚全般（y）　以上の計5個が，記された順に浮かんでいる。

フォーカサーJ：①自分の人に対するやさしさをほめたい（p）　以上の計1個が浮かんでいる。

(4) 2回目の空間づくり体験のふりかえりとシェアリング

フォーカサーF：4つ。数は減ったけど，そんなに変わらない。全部かかわりがあるけど，自分の身近に感じるのは近くに置き，一歩おいて切り離して考えられるのは，ちょっと離して置いた。解決できそうなことは，自分から一番離れている。これは，やってしまえばすぐ解決するもの。ちょっと気になるものは，付箋紙を中に折り込んだ。楽になったよりも，気になっているものがあるんだな，それは自分と切り離せないことがわかった。気持ちの上ではスッキリしている部分もあるのとちがうかな。

フォーカサーG：4つ。どういうものか1つ1つ具体的にわかり，置けたというか。大きく3つは同じことで。私は気になるものは，身近なところに置いた。肯定的な部分は自分を統括しているような感じで，遠くに置いた。もう一本重ねようと思ったぐらい。私のエネルギー源なので，支えていて，かつ希望でもあり活力でもあるので。同じものでも色を変えたのは，軽重をつけたから。1回目よりも軽く思えるので，色を変えて変化をもたせた。さっきよりも整理されたというか，落ち着いて感じで，気持ちが整理された

というか，明確化できたというか。そんな感じ，1回目よりも。

フォーカサーH：5つから1つに。2回目は頭が空っぽになった。考えても考えても，もう何も出てこなくて。真っ白のなかに，関連したことがひとつ，ポコッと浮かんできた。気になることは，どこかに飛んで行って，いなくなった。それで真っ白になった。

フォーカサーI：5つ。1つ気になっていることを，「私」の上に置いた。被せるようにして置いた。そしたらすごくしっくりきた。今は，スッキリしている。被せるようにして置いたのが良かった。

フォーカサーJ：1つになっている。1回目はマイナス・イメージみたい，今度はプラス・イメージのことが出てきた。1回目のことは少しは残っているけど，遠いところで消えかかっているような。台紙には入らないようなところにある。「私」は端の方にいたけど，真ん中の方に来て，下の方で大地に足をつけてる感じ。すごく気持ちが軽くなってきた。今までは，どうしようどうしようという思いがすごく渦巻いていたけど。

表3-1 空間づくりで浮かんだ気がかりの数

フォーカサー	回数	1回目の空間づくり	2回目の空間づくり
Xグループ	A	8 (**b** 3 **p** 1 **y** 4)	9 (**b** 3 **p** 4 **y** 2)
	B	10 (**b** 3 **p** 4 **y** 3)	7 (**b** 2 **p** 2 **y** 3)
	C	9 (**b** 3 **p** 3 **y** 3)	10 (**b** 4 **p** 3 **y** 3)
	D	9 (**b** 3 **p** 3 **y** 3)	5 (**b** 2 **p** 3 **y** 0)
	E	12 (**b** 3 **p** 6 **y** 3)	6 (**b** 2 **p** 4 **y** 0)
	計	48 (**b**15 **p**17 **y**16)	37 (**b**13 **p**16 **y** 8)
Yグループ	F	6 (**b** 1 **p** 3 **y** 2)	4 (**b** 2 **p** 1 **y** 1)
	G	3 (**b** 2 **p** 1 **y** 0)	4 (**b** 2 **p** 1 **y** 1)
	H	5 (**b** 2 **p** 2 **y** 1)	1 (**b** 0 **p** 1 **y** 0)
	I	4 (**b** 1 **p** 2 **y** 1)	5 (**b** 1 **p** 2 **y** 2)
	J	2 (**b** 1 **p** 0 **y** 1)	1 (**b** 0 **p** 1 **y** 0)
	計	20 (**b** 7 **p** 8 **y** 5)	15 (**b** 5 **p** 6 **y** 4)
合計		68 (**b**22 **p**25 **y**21)	52 (**b**18 **p**22 **y**12)

注）付箋紙の色　**b**：ブルー　**p**：ピンク　**y**：イエロー

付箋紙を用いた空間づくりによって浮かんだ気がかりをまとめたのが，表3-1である。

3．付箋紙を用いた空間づくり体験の検討

ここでは，今回のグループで行った空間づくりによって示唆されることを簡単に検討しておく。

(1) 付箋紙を用いた空間づくりの効果

フォーカサーのふりかえりの報告によると，付箋紙を用いた空間づくりによってXグループでは，すでに1回目の空間づくりにおいて「整理された」（フォーカサーA），「自分の中で落ち着いてきた」（フォーカサーC），「1番目，2番目と7番目に出てきたのが重要なもの」（フォーカサーD），「貼るとちょっとスッキリする，今はたいしたことないなあ」（フォーカサーE）と語られ，2回目では「気になることが明確になった，わりとスッキリ整理された」（フォーカサーB）と報告されている。グループYでは，1回目には「落ち着いていられる自分がある」（フォーカサーG），「ちょっと落ち着いて，あーそうか自分はこう思っているのやと確認できた」（フォーカサーH）と語られ，2回目には，「気持ちの上ではスッキリしている部分もある」（フォーカサーF），「落ち着いた感じで，整理された」（フォーカサーG），「気になることはどこかに飛んでいった」（フォーカサーH），「スッキリしている」（フォーカサーI），「すごく気持ちが軽くなってきた」（フォーカサーJ）と報告されている。

このようにすべてのフォーカサーから付箋紙を用いた空間づくり体験について肯定的な評価が報告されている。グループ別にみるとXグループでは，Yグループよりも1回目の後にすでに空間づくりの効果が報告されることが多いように思われる。小グループによる特徴が反映されていると考えられる。

(2) 浮かんでくる気がかりの数，内容，順序などについて

1）浮かんでくる気がかりの数は，1回目（総数68）よりも2回目（総数51）の方が減少している。用いられた付箋紙の色については，ブルー(b)，ピンク(p)，イエロー(y)の色がすべて減っているが（b：22→18，p：25→22，y：21→11），特にイエローが大きく減っている。また，グループ別にみると，

3 付箋紙を用いた空間づくりのグループ事例と検討　41

特にXグループにおいてその傾向がみられる。

　グループ別に気がかりの数をみると，グループXでは1回目が8〜12で，2回目が5〜10である。グループYでは1回目が2〜6で，2回目が1〜5である。各グループは5名ずつであるが，浮かぶ気がかりの数は，グループYよりもグループXにおいて多いといえる。

　2）1回目で浮かんでいた気がかりの項目で2回目にはなくなっている，消えている項目がある。例えば，フォーカサーAでは，「部屋の片づけのこと」「郵送しなければいけないもの」，フォーカサーBでは，④「夕ごはんの支度」(p) ⑦「もうすぐ2学期」(y) ⑨「けいたい電話の電池」(b)，フォーカサーCでは，⑦「新学期からのこと」(b) である。このことは，フォーカサーI以外の9名のすべてのフォーカサーにあてはまる。

　3）関連しているか類似している気がかりの複数の項目が，2回目では1つに集約されている。フォーカサーDでは，③「夫の腰痛のこと」(b) ⑧「夫の仕事のこと」(y) が，2回目では⑤「夫のこと」(b) になっている。また，⑤「母の病気のこと」(y) ⑥「実家の家のこと　後継者？」(b) ⑦「来年の我が家の生活のこと」(p) が，2回目では③「今後の生活設計」(p) に集約されていると考えられる。

　4）2回目において，気がかりの新しい項目が浮かんでいる。例えば，フォーカサーEでは，①「将来のこと」(p) ②「両親の健康」(b) ③「歯の治療」(p) ⑤「自分のからだのこと」(p) が新しく浮かんでいる。このことは，フォーカサーBを除いて9名のすべてのフォーカサーにあてはまる。

　5）同じ気がかりの項目が，2回目にふたたび浮かんでいる。例えば，フォーカサーFでは，②「こどものこと」(y) ③「職場のこと　同僚」(b) ⑤「仕事（夏休みの宿題）」(p) が2回目でも②「家族（こども）」(y) ③「職場（同僚）」(b) ④「仕事」(b) として重複して浮かんでいる。このことは，フォーカサーJを除く9名のすべてのフォーカサーについてあてはまる。特に気になる項目が再び浮かんでいると考えられる。

　6）同じ気がかりの項目が浮かんだとしても，それについての感じは異なる可能性があり，それをフォーカサーGは付箋紙の色で表していると明言している。フォーカサーGでは，1回目の①「家族」(p) と③「健康」(b) が，2

回目では③「家族」(p)と④「健康」(y)として報告されている。「健康」がブルー (b) からイエロー (y) になっている。また，2回目に浮かぶ順位は下がっていることも注目していいだろう。これと対照的にフォーカサーⅠは，1回目で報告された4項目すべてが2回目も同じ順位，同じ色で報告されており，2回目ではさらに1項目加わっている。

7）1回目と2回目では気がかりの浮かぶ順位が同じ傾向がみられるのは，フォーカサーA，F，G及びⅠであり，浮かぶ順位が異なる傾向がみられるのはフォーカサーBとCである。

8）この他にフォーカサーによって特徴がみられる。フォーカサーJは，1回目で浮かんだ項目がやや否定的なもの〔①「自分をさらけ出せない」(b) ②「人に気をつかう」(y)〕であるが，2回目では肯定的なもの〔①「自分の人に対するやさしさをほめたい」(p)〕になっているのが特徴である。フォーカサーHでは，1回目で浮かんだ5項目がすべて消えたが，2回目で関連する内容の項目が1項目〔①「下（妹）はどうかな」(P)〕浮かんでいる。

9）否定的なものはブルー (b)，ニュートラルなものはイエロー (y)，肯定的なものはピンク (p) が選ばれる傾向があるかもしれないと予想したが，このことはフォーカサーJにあてはまるのみである。しかし全体としては，今後の検討を必要とする。

(3) 付箋紙が貼られる領域などについて

1）ふりかえりで報告されている領域などは，以下のとおりである。

真ん中…自分自身のこと（フォーカサーA），身近に迫ってきていることで，早く片づけたいこと（フォーカサーB），ひっかかっていること，さしせまったもの（フォーカサーC）

真ん中の上下…解決しなくてはいけないもの（フォーカサーA）

一番上…気になること（フォーカサーB）

一番下…それほど気にならないこと（フォーカサーB）

横（左右）…すぐには解決できないもの（フォーカサーA）

右の上…すぐには解決できないこと（フォーカサーC）

左…大事にしたいこと（フォーカサーC）

左端の真ん中…どうにもならないことで，つねに気にかかっているもの(フォーカサーB)

端…とりあえずすぐに片付くもの（フォーカサーB）

「私」の近く…身近に感じるもの（フォーカサーF），気になるもの(フォーカサーG)

「私」の遠く…解決できそうなこと(フォーカサーF)，肯定的な部分(フォーカサーG)

「私」の上に重ねる…しっくりきた（フォーカサーI）

「私」の位置の移動…端の方にいたけど，真ん中の方に来て，下の方の大地に足をつけている感じで，気持ちが軽くなってきた（フォーカサーJ）。

貼る領域，場所については，各人なりの特徴を表す場所があるようである。

領域に関しては，実際に貼られた数や内容との関係で，さらに検討が必要である。

２）付箋紙の形や大きさについて

付箋紙の大きさを変えた者としては，折り曲げたもの１名（フォーカサーF）と，さらに小さく切った者１名（フォーカサーG）がいた。このように付箋紙を変形して用いるフォーカサーは少ないが，こうした使い方が可能である。

３）小グループでの実施について

今回，付箋紙を用いた空間づくりを小グループ状況で実施した。各グループは５名ずつであったが，この小グループ状況はガイドがフォーカサーのペースを尊重して進め，空間づくり体験のふりかえりとシェアリングを話しことばで行うのに役立った。しかし各小グループの特徴が，空間づくり体験に影響することも示唆された。

● ４ おわりに

付箋紙を用いるフォーカシングの空間づくりは，付箋紙を用いることで気がかりが視覚的に対象化・客観化できることと，空間づくりとふりかえりおよびシェアリングを２回繰り返すことが特徴である。今回の研究では，それなりの成果や特徴がみいだされた。適用の対象や実施状況を変えたりして，さらなる

今後の検討が必要である。

　ジェンドリンの空間づくりは，気になることがかなり多数ある場合などに役に立つ。距離で言えば，近すぎる場合や過密とか緊急の事態である。反対に，遠すぎる場合などには用いられない方法である。遠すぎる場合には，ほど良い距離に近づけて感じるようにすることが必要である。例えば，「感じやすくするためにからだをほぐすボディワークをほどこす」ことも役立つだろう。この他に「問題に向かって『こんにちは』と挨拶する（say hello to）」，「それ化（Ittification）する」（以上，Cornell, 1996），「問題を内側に抱えたままで，そのこと全体の感じを感じる」，「いま，ここでのからだの感じを感じて，それについて話す」，「仮の話をして気持ちを誘発する」，「"内なる子ども"が問題についてどう感じているか尋ねる」（以上，Hinterkopf, 1998）などが考えられている。しかしこれだけでは十分とは言えず，フォーカシングにおいて遠すぎる場合に有効となる体系的な方法の開発が必要だろう。

参考文献

Cornell, A. W.　1996　*The Power of Focusing : A Practical Guide to Emotional Self‐Healing.*　Oakland, CA : New Harbinger.（大澤美枝子・日笠摩子訳　1999　やさしいフォーカシング　コスモス・ライブラリー）

Hinterkopf, E.　1998　*Integrating Spirituality in Counseling : A Manual for Using the Experiential Focusing Method.*（日笠摩子・伊藤義美訳　2000　いのちとこころのカウンセリング―体験的フォーカシング法―　金剛出版）

伊藤義美　1995　複数フォーカシングの提起と検討　情報文化研究　名古屋大学情報文化学部・大学院人間情報学研究科，**2**，13-32.

伊藤義美　2000　フォーカシングの空間づくりに関する研究　風間書房

伊藤義美　2001　付箋紙を用いたフォーカシングの空間づくり　情報文化研究　名古屋大学情報文化学部・大学院人間情報学研究科，**14**，169-183.

伊藤義美　2002　付箋紙を用いたフォーカシングの空間づくり(2)　情報文化研究　名古屋大学情報文化学部・大学院人間情報学研究科，**15**，157-168.

木下由美子・伊藤義美　2001　コラージュ表現による感情体験に関する一考察　情報文化研究　名古屋大学情報文化学部・大学院人間情報学研究科，**13**，127-144.

伊藤義美

第4章

複数フォーカシング法（MFM）の実践：からだの感じ方式による5人フォーカシングの空間づくり

● 1　はじめに

　わが国では訓練プログラムや訓練方法などのフォーカシングの教授法を検討することが急務な段階であるが，複数フォーカシング法（MFM, Multiple Focusing Method）はフォーカシングのひとつの教授法になると期待される。
　本稿では，複数フォーカシング法を紹介し，からだの感じ方式による複数フォーカシング，具体的には5人のフォーカサーによる5人フォーカシングの事例を報告してその特徴と意義などを検討する。複数フォーカシング（伊藤，1995）は，1人のガイドをパートナーにして複数のフォーカサーが同時進行的にフォーカシングを行うやり方である。

● 2　5人フォーカシングの実施と事例

1．5人フォーカシングの実施

　ここでは，複数フォーカシングの事例として5人フォーカシングの事例を報告する。この5人フォーカシングは，からだの感じ方式の空間づくりを中心としたフォーカシングである。ここで言う空間づくり（Clearing a Space）とは，問題や感情が内的な自己と分かれ離れて存在するために，特定の空間や場所を内的に視覚的に創ることである。

2. からだの感じ方式の空間づくりを中心とした5人フォーカシングの事例

5人フォーカシングでは，5人のフォーカサーが同時に並行してからだの感じ方式の空間づくりを中心としたフォーカシングを行った。フォーカサーはK，L，M，N，Oの女性5人である。いずれもカウンセリングに関心をもって学習をしているものである。Kは20代で看護婦，Lは30代で看護婦，Mは30代で保母，Nは20代で看護婦，Oは20代で元看護婦である。フォーカシングは，会議室において椅子の回りに輪になって座る形で行った（図4-1参照）。ガイドは筆者である。からだの感じ方式の教示にしたがう形で，からだの部位ごとに1人ずつ順番に実施した。つまり各部位の感じをしばらく味わい，その感じからなにか浮かんでくるものとその感じを，ともにその部位に置いて離れて，つぎの部位に移るようにする。1つの部位での作業が終わるごとにフォーカサーが替わるようにする。所要時間は，約1時間10分である。

やり方としては，まず5人全体に対してからだの感じ方式の教示を印刷した用紙と体験記入用紙を配布し，これにそって目的とやり方を簡単に説明した。つぎにからだの感じ方式の教示に従う形で行うが，最初は5人全体で行い，そ

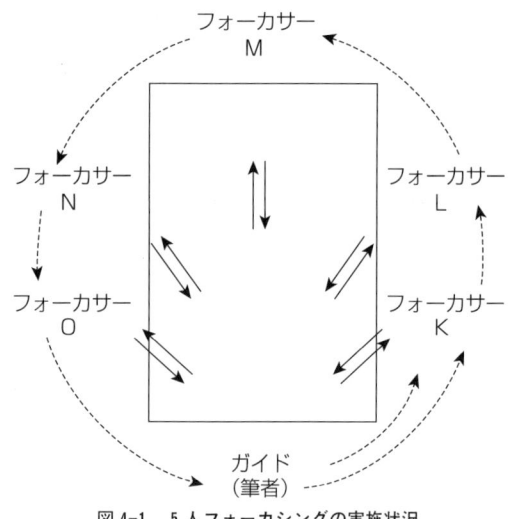

図4-1　5人フォーカシングの実施状況

の後は個別に1人ずつ順番に区切って実施していった。つまり、ほどよくリラックスして取り組む準備ができるところまで5人全体で行い、その後はまずKに胸のあたりに注意を向けてもらい、その感じをよく味わい、その感じをことばやイメージで表すことを求めた。つぎに、その感じを味わいながら、そこから浮かぶものがあれば浮かべることを求めた。Kにはそのようにすることをしていてもらい、つぎにLに対して胸のあたりに注意を向けて、その感じをなにかのことばやイメージで表し、その感じからなにかを浮かばせてもらった。同じ作業をM、N、Oの順で実施した。そしてKに戻って、その感じから浮かんだものをきき、その感じと浮かんだものを胸のあたりにしまって置くところまで実施した。そこに置いたままで、そこから離れることができることを確認した後で、つぎにお腹のあたりに注意を向けてどんな感じか味わってもらうようにして、同じ作業をお腹のあたりについて行った。そしてL、M、N、Oの順で同じ作業を繰り返した。こうして胸部以外のからだの他の部位（お腹、背中、肩・首、頭・顔、その他）について同様の作業を順次繰り返していった。

そして、からだのなかで比較的いい感じや心地良い感じを探ってみて、その心地良い感じをよく味わうようにした。最後に、取り組んでの感想などを尋ねた。

3．5人フォーカシングの実施の手続き

1）ゆったりと座ってくつろぎましょう。からだにかたさや緊張があれば、からだを動かしたり深呼吸をしたりして、からだを楽にしましょう。（間）

2）まずKさんからやりましょう。まず胸のあたりに静かに注意を向けてみて、いま胸のあたりはどんな感じがあるかを感じて、その感じをじっくりと味わってみましょう。　　　　　（間）

3）感じがはっきりしてきたら、その感じをなにかのことばやイメージであらわしてみましょう。　　　　（間）

（L、M、N、Oに同じように行う。そしてKにもどって）

4）その感じをじっくりと感じていながら、そこからなにか浮かぶものがあれば浮かばせてみましょう。　　　　　　（間）

5）感じとその感じから浮かんだものを胸のあたりに置いておきましょう。そしてそこから離れて，つぎにお腹のあたりに注意を向けてみて，いまお腹のあたりにはどんな感じがあるかを感じてじっくりと味わってみましょう。（間）

（L，M，N，Oにも同様に行い，背中，肩・首，頭・顔，その他の順に作業を行う。）

6）からだのなかで心地良い感じやいい感じがあるとすれば，どこにある，どのような感じでしょう。その心地良い感じやいい感じをじっくりと味わってみましょう。　　　　　　（間）

7）十分に味わえたと思えたら，これで終わりにしましょう。ここで味わったいい感じをよく覚えておいて，必要なときには思い出しましょう。

● 3　5人フォーカシングの経過の概要

ここでは，からだの感じ方式の空間づくりを中心としたフォーカシングの概要を示す。①は部位に認められた感じ，また②はその感じから浮かんでくる何かを表している。

【a．胸のあたり】

フォーカサーK：①ワクワクするような感じ。②波の音とか…陽が射す。

フォーカサーL：①ドキドキする感じ。②ブラックホールの…入口が見つかったみたい。暗いけど怖くはない。中に入ってみたい。

フォーカサーM：①ドキドキした感じ。②雨と道路。

フォーカサーN：①真っ暗。何があるか先がわからないけど，ワクワクに近い。②手探りで何かを探しているが，不安はない。真っ暗だけど，やわらかい感じに包まれた所。

フォーカサーO：①左の胸の奥がなにかつまっている感じ。②カビとか，雨…。

【b．お腹のあたり】

フォーカサーK：①暗くて，しっとりして…なま暖かい感じ。②夜の…暗い海に漂っている感じ…。

フォーカサーL：①お腹というよりも，後ろの方になにかがある。なんかけだるい感じ。上半身と下半身をつなげる棒，あるいはヒモのようなもの。脊椎が脚につながっている。②オレンジ色のような黄色のような，光るもの。

　フォーカサーM：①あつい感じ。②窓ガラスの水滴。

　フォーカサーN：①ほんのり明るくて，ポカポカしている。②一人じゃなくて，誰かと一緒に陽なたぼっこをしている。

　フォーカサーO：①ちょっとつかみにくいけど，フーッとした感じ。なにもない感じ。②大きな鉄骨の倉庫みたいな…。

【c．背中のあたり】

　フォーカサーK：①息苦しい感じ。胃の裏のあたり。②押入れに閉じこめられているような…。

　フォーカサーL：①背中の真ん中があったかい。②大きな手。

　フォーカサーM：①腹から背中に痛い，つっぱった感じ。なにか骨か血管がつまっているような…。②橋。高い橋。

　フォーカサーN：①なにかがおおいかぶさってくるような…。ベターっと張りつく感じ。②人の手が来るような…。来るというよりは，誰かが手を差し出してくれるみたい。（どちらの手？）左手。

　フォーカサーO：①少しだけ背中の皮膚がピリピリする。②炭酸飲料のアワ。

【d．肩・首のあたり】

　フォーカサーK：①首の後ろが重い感じ。②ステンレスのボールが，細い棒の上に乗っている。

　フォーカサーL：①肩は冷たい。頸筋がこっている。なにか違和感がある。②イメージとしては三角形。三角形の頂点が首を支えている感じ。

　フォーカサーM：①肩と首にかけて，こってる感じと重い感じ。②はごろも。

　フォーカサーN：①冷たいような，かたいような，身動きできないような…。カチカチ，コリコリ。窮屈。②地下の中に閉じこめられて，身動きがとれない。出られない。

　フォーカサーO：①肩と首が少し重いような，かたいような，痛いような…。それが口のあたりから鼻の先に抜けるような…。②海に通じる細い道。波切灯台のあたりをイメージした。

【e．頭・顔のあたり】

フォーカサーK：①白い光の粒子が上に向かって蒸発しているみたいな…，スッとする感じ。②天国のイメージ。

フォーカサーL：①耳の後ろが重たい感じ。②誰かに頭を押されている，圧迫されている。

フォーカサーM：①頭のてっぺんがキリキリする感じ。②洗濯物。

フォーカサーN：①頭の上の方がホンワカしている。頭の上の半分ぐらい。②春先のお天気のいい日に，桜の花びらが散っているような感じ。

フォーカサーO：①鼻がツーンとして，スーッとした感じ。で，額が左右に引っ張られるみたい。②白いイメージがあって，カーネーションのような…。

【f．その他の部位】

フォーカサーK：【ほっぺた】①つるつる，すべすべ，サラサラした，気持ちいい感じ。②洗いたての白いシーツ。

フォーカサーL：【両足首から下】①冷たい感じ。②あっためたい。

フォーカサーM：【指先】①ピリピリした感じ。電気が走っているような，熱い感じ。②手を伸ばして飛びこんでいる感じ。

フォーカサーN：【手先，特に左手】①カッカッする感じ。右手よりも左手が強い感じ。②外からなにかが入ってくるような…，力というかエネルギーみたいな…。

フォーカサーO：【右手の手関節・肘関節】①重いような，ダルいような両手の指先が少ししびれている。特に右手。②灰色の厚い雲から目の光るカラスが，私を見ている。

フォーカサーK：【足の裏】①熱い，ザラザラ。②白い砂の上を歩いているような。

フォーカサーL：ない。

フォーカサーM：【眼】①うるおう。②空気，それから水と緑の葉，陽差し。

フォーカサーN：【右膝から太もも】①モゾモゾとした感じ。②気持ちが悪くて取り除こうとしても，まとわりついてくる感じでとれない。

フォーカサーO：【眼】①白っぽく，なんか透明感がする。両方の眼のあたりで…。②サンゴの海。　【足の裏】①ピリピリとした感じ。②冷たい水。

3　5人フォーカシングの経過の概要　51

【からだのなかでのいい感じや心地良い感じ】

フォーカサーＫ：「頭のなか」にある「白い光。ジーンとしびれるような気持ちいい」という感じ。

フォーカサーＬ：「背中」にある「自分のなかにある熱源で，暖めている」という感じ。

フォーカサーＭ：「眼のまばたき」にある「陽差しがまぶしい。水しぶき，フレッシュな感じ，水遊び，歓声」という感じ。

フォーカサーＮ：「おへその奥の方」にある「ほんのりとあったかい」という感じ。

フォーカサーＯ：「頭の上半分」にある「スカッとした」という感じ。

【やってみての感じ】

フォーカサーＫ：初めは雑念みたいなものが入ってきて，それぞれの感じにあまり浸れなかったけど，頭の感じだけは，眠くなるような…そういう感じ。ちょうど眠る前の1分前みたいな，グーッと眠りに落ちていくような…。でも意識はあるような…。うたたねをしている感じ。頭のなかの感じはすごく気持ちが良くて，それを味わっているときには他の良い気持ちも嫌な気持ちも思い出さなかった。

フォーカサーＬ：背中に感じた大きな手は，結局，父親の手だったんですけど，よく考えると，今触られてもあったかさというのが，ベタベタして気持ち悪いかなと…。

フォーカサーＭ：嬉しい，すごくフレッシュなみずみずしい感じ。水遊び，歓声。気持ちいいというか…。

フォーカサーＮ：白い，すごく護られた空間。自分か誰かが，だんだん，だんだんなかからその空間を育ててきている。もっと大きくしている。

フォーカサーＯ：頭の上半分だったのが，頭全体に広がった。感じとしては，白い感じ…で，明るい感じで，陽が射している…みたいな感じ。

【体験後のコメント】―省略―

● 4 考　察

1．各フォーカサーのフォーカシングの特徴

　フォーカサーの各部位での感じがポジティブ（＋）かネガティブ（－）あるいはニュートラル（n）かを示したのが図4-2である。あらかじめ指定された5つの部位（胸，お腹，背中，肩・首，頭・顔）をふくめて，報告されている部位の数は，フォーカサーKが7，フォーカサーLが6，フォーカサーMが7，フォーカサーNが7，そしてフォーカサーOが8である。からだの部位でのからだの感じとしては，主にポジティブな感じとネガティブな感じが混在している。フォーカサーK，L及びNではポジティブな感じとネガティブな感じが，フォーカサーMとOではポジティブな感じ，ネガティブな感じおよびニュートラルな感じが報告されている。全体としては，ネガティブな感じがポジティブな感じよりもやや多く報告されている（ポジティブ：13，ネガティブ：18，ニ

フォーカサー 部　位	K	L	M	N	O
a．胸	＋	＋	n	＋	－
b．お腹	－	－	n	＋	＋
c．背中	－	＋	－	－	－
d．肩・首	－	－	－	－	－
e．頭・顔	＋	－	－	＋	＋
f．その他①	＋ （ほっぺた）	－ （両足首より下）	n （指先）	＋ （左手の手先）	－ （右手の関節，肘関節）
②	－ （足の裏）	／	＋ （眼）	＋ （右膝，太股）	＋ （眼）
③	／	／	／	／	n （足の裏）
心地良い 部　位（＋）	頭の中	背中	眼	へその奥	頭上半分
心地良い感じ を味わう効果	◎	○	○	◎	◎

＋…ポジティブ　　－…ネガティブ　　n…ニュートラル
○…効果あり　　◎…大変効果あり

図4-2　5人フォーカシングにおける身体部位でのからだの感じ

ニュートラル：4)。からだの部位別にみてみると，部位によって特徴が認められる。つまり，胸部にはポジティブな感じが比較的多く認められている（ポジティブ：3，ネガティブ：1，ニュートラル：1）。背中には，ネガティブな感じが比較的多く認められている（ポジティブ：1，ネガティブ：4，ニュートラル：0)。肩・首では，すべてのフォーカサーにおいてネガティブな感じが認められている（ポジティブ：0，ネガティブ：5，ニュートラル：0)。

からだのなかで心地よい感じを探して，よく味わうという作業は，各フォーカサーにとってなんらかの気づき（フォーカサーL：父の手）をもたらしたり，内的な空間を護り育てるイメージ（フォーカサーN）が出てきたり，ライフ・エナジーを感じる（フォーカサーK，M，Oなど）というそれぞれ意味をもつ体験として報告されている。

各フォーカサーの体験を要約し，簡単に検討すると，つぎのようになる。

フォーカサーKは，「気がかり方式の方がやりやすく，感情や気持ちの方が思い浮べやすい」と報告している。特に女性には「からだの感じ方式の方がやりやすい」という報告がこれまで多いという印象があったが，気がかり方式の方が好まれる場合もあることが明らかにされた。

フォーカサーLは，「①ピッタリすることばを探すことに集中してしまう。②進むペースが少しはやかった。③感じを味わいたいものとそうでないものと区別した方がよい」と述べている。ピッタリくることば探しも，からだの感じと照合しながら共鳴させて行わないと意味がなくなるが，今回の場合はひとまずの表現（"ハンドル"）でよいとしている。進めるペースについては，グループ全体のリズムとともに個別性を尊重する必要がある。置く前にその感じをよく味わいたい感じとそうでない感じがあるという指摘については，教示のなかにこの種のワークや手続きを盛り込むことを検討する必要があるだろう。

フォーカサーMは，「①高い橋ぐらいからけっこう物語ふうにつながっている。しんどいけども，けっこうそれを楽しんでみつめていた。②他の人の影響を受けているのは確か」と述べている。イメージが流れだすようになるまでの内的な準備状態をつくることが必要となるが，イメージがいったん動きだせば，そのドラマを楽しめるように，その感じに触れながらみつめることだけが必要になる。このイメージ体験自体が癒しの体験になることが多い。複数フォーカ

シングにおける他のフォーカサーの影響については，検討を要する課題である。

　フォーカサーNは，「①感じたことをことばにするとズレてくる。②嫌な感じは右側，いい感じは左側」と述べている。今回の5人フォーカシングでは，感じとことばはかならずしもピッタリと一致しなくてもよく，ひとまずハンドルとなるものでよいとしている。嫌な感じといい感じの所在がからだの左右，上下，表裏に分裂することは興味深いことだが，経験的にはよくみられることである。この面での理論化も必要だろう。

　フォーカサーOは，「素直にイメージすることができた。スキッとした感じが味わえた」と述べている。イメージが自然と出てくるような状態を整えて，それにうまくかかわれると，快適な感じの癒しの体験になりやすい。

2．からだの感じ方式について

　気がかり方式では，内的に快適にさせないネガティブなニュアンスのものが浮かぶ可能性が高い。今回用いたからだの感じ方式には，こうした気がかり方式の制約がないという利点がある。つまり，からだの部位に感じられる感じは，ポジティブなものとネガティブなものとの両方があるのである。からだの感じ方式の空間づくりでは，からだの特定の部位に内的に注意を向け，そこのあたりの感じをよく感じて，その感じの表現を浮かばせる，さらにその感じを感じながらそこから立ち現われてくる（連想する）ものを浮かばせるものである。そして，その感じと浮かんだものをその部位に置いて，そこから離れてつぎの部位に移るというものである。だが，からだの感じ方式では気がかり方式の空間づくりと異なり，置く場所が指定されていて置き方が限定的であるといえよう。この方式では，①各部位での感じと連想したものをそれらが出てきたところ（部位）に返し，②その場所にしまって置いて，フォーカサーの方がそこから離れる（距離をとる）のである。この場合，からだの部位にいったん一種の空間がつくられ容器になったうえで，そこに置いておくための容器，収めておく保管場所になるのである。したがって，気がかり方式のように個別の事柄に応じてどこに，どのように置くかをフォーカサーが探したり工夫する作業は必要ないのである。今回のやり方は，各部位の感じをよく味わい，そのうえでこの感じから何か浮かぶものがあれば浮かばせるようにした。空間づくりでは，

この何かを浮かばせるという作業を省くことは可能である。そうすれば全体の実施時間をもっと短縮することができるし，複数フォーカシングのフォーカサーの数もより多くできるだろう。

3．複数フォーカシング法について

フォーカシングは単独でも可能である。しかし，内言語として自分のなかのみに留めておくのではなく，外言語として表現してからだの外へ離すこと，自分のあり様を認めて受け止めてくれる存在がいることが人によっては重要になることがあると考えられる。複数フォーカシングでは，このような存在としてのガイドがいることが保証されている。

複数フォーカシングのグループ状況は，つぎのような特徴なり利点があると考えられる。

①小集団状況でガイドが，各フォーカサーに順番に個別にかかわる。フォーカサーは，ガイドが来る順番を待つことができること，それまでは個人でひとりで作業をしていることが必要である。

②しかし急に援助が必要なことが生じた場合には，ガイドの援助を求めることが可能である。

③フォーカサー相互の視覚的・言語的なかかわりはない。

④閉眼しているフォーカサーが多いのでガイドとフォーカサーのかかわりを見ることはできないが，ガイドと他のフォーカサーのやりとりが聴覚的に聞こえるし，その場の雰囲気やなにかを感じとることができる。

このような状況がフォーカサーやフォーカシングの進行にどのような影響をあたえるのか検討を要するだろう。

● 5　おわりに

フォーカシングを体験的に学ぶにはリスナーあるいはガイドとフォーカサーが1対1でフォーカシングを行うのが基本である。しかしガイドのプレゼンスをある程度体験的に感じながらも複数のフォーカサーで行うことができるのが，1人のガイドと複数のフォーカサーが同時進行的にフォーカシングを行う複数

フォーカシングである。本稿で報告した5人のフォーカサーによる5人フォーカシングでは，空間づくりを中心としたフォーカシングを意味ある形で行うことができることが明らかになった。フォーカシングの体験学習のひとつの形態といえる複数フォーカシングは，今後も，実践や事例を積み上げるなかでその有効性と問題点を検討していくことが必要であると考えられる。

参考文献

伊藤義美　1995　複数フォーカシングの提起と検討　情報文化研究　名古屋大学情報文化学部・大学院人間情報学研究科，**2**，13-32.

伊藤義美　2000　フォーカシングの空間づくりに関する研究　風間書房

伊藤義美

第 2 部

フォーカシングと臨床実践

第 5 章

高齢者とのフォーカシング

● 1　はじめに

　筆者は自分が行ったカウンセリングをふりかえってみるとき，成功したと感じられるケースについては，つぎのことがいえる。あるケースでは，カウンセラーの筆者とクライエントの両者が無意識でフォーカシングをしており，そのケースでは筆者がカウンセラーとして何の気負いもなくクライエントのそばにいることができている。ある距離と空間を保って，クライエントを感じ，自分を感じながらカウンセリングのセッションが進んでいる。またあるケースでは，筆者がクライエントとの関係性の行き詰まりを感じたときに，その行き詰まった関係を改善するためにフォーカシングのひとコマを方法として取り入れている。例えば，空間づくり（Clearing a Space）だけを用いてそれだけで十分であったり，ときにはクライエントに「方法としてのフォーカシング」の概略を説明し，やってみたいかどうかを尋ね，クライエントの選択によって「方法としてのフォーカシング」を適用する場合もある。

　ここでは，筆者が行き詰まりを経験した高齢者とのカウンセリングにおいて「方法としてのフォーカシング」を用いた体験を報告する。（フォーカシング法については，ここでは省略する）

● 2　高齢者の感情表出とフォーカシング

　筆者はX整形外科病院で高齢者（80歳代）の入院患者たちにカウンセリングをする機会があったとき，若年者とはまた違ったラポールのとり方の難しさ

を痛感した。その難しさとは，身体機能の低下によって耳が遠くなったり，また歯が不十分で発語がしにくかったりして言語を介して交流しにくいことと，自分の内的なことについてはできるだけ口外せず，じっと耐えて過ごすことの方がよしとしている考え方である。筆者はこの世代の人を前にして，80歳という年齢が人生の大先輩としての威圧感となり，さらに老人特有の反応への漠然さに閉口しながら，何かしっくりせず行き詰まりを感じた。そこで気づいたことがある。この高齢者ができていることに注目すると，確かに言語表現については表現機能低下や情報伝達能力は乏しくなっていくが，発する一音一音のあとに「・か・ん・じ」が表現されていることである。そのうえ，自分の身体上の苦痛についてはかなり発語が容易である。そこで，そのことをとっかかりに漠然さを漠然さのまま尊重して身体の各部を丁寧に感じていると，浮かんでくる過去の体験，例えば戦争での死との直面の恐怖や，戦後の価値観の違いの中で生きる戸惑いや，今老化による身体の不自由さへのいらだち，老いの情けなさなど生きていく苦悩がぽつりぽつりと語られ，「身体の感じ」を味わい終わる頃にはそれまで能面のようだった顔の表情がときほぐされ，ぎこちなさもすっかり解けていた。

　若年者ほどには感情表出が多くない，むしろほとんど感情表出しない高齢者はいかに感情を処理しているのかという問題意識から「高齢者の感情表出に対するフォーカシングのかかわり」を検討してみた。

　高齢者は，大きく分けて2つのグループに属する。1つのグループは過去に病歴があっても今は一応元気で，あるいは家族の介護補助を受けながら一般家庭生活を送れている人々である。もう1つのグループは，なんらかの理由で介護不可の状態のため，ある種の施設の管理下にあり，家庭生活を送れていない要介護者たちである。これら高齢者たちとのフォーカシングの適用事例を報告し検討する。

1．目的と課題

　高齢者は程度の違いはあれ，聞く，見る，話す，それぞれの機能に老化現象あるいは病的変化をきたしている。またすべての人が親との死別を体験していて，ある人は子どもを，夫を，妻を，健康を，住む場所を，財産を，と大事な

2 高齢者の感情表出とフォーカシング

質問紙Ⅰ：からだの感じ方式の空間づくり用紙（1990年版）

い・ま・ど・ん・な・か・ん・じ・？　　　　　　　　　　年　月　日
　　　　　　　　　　　氏名　　　　　　　　（男・女）　　歳

きょうのあなたの体調は？　（a. よい　　b. ふつう　　c. わるい）
① いま、からだに、どんなかんじがしているでしょうか。さぐってみましょう。
（② そのかんじについて、どんなことが浮かんでくるでしょうか。）

a. 胸のあたりは、　　　　　　　　b. お腹のあたりは、
　　どんなかんじがしているでしょう。　　どんなかんじがしているでしょう。
　　①　　　　　　　　　　　　　　　　①

　　②　　　　　　　　　　　　　　　　②

c. 背中のあたりは、　　　　　　　d. 肩のあたりは、
　　どんなかんじがしているでしょう。　　どんなかんじがしているでしょう。
　　①　　　　　　　　　　　　　　　　①

　　②　　　　　　　　　　　　　　　　②

e. 頭のあたりは、　　　　　　　　f. （　　　　）のあたりは、
　　どんなかんじがしているでしょう。　　どんなかんじがしているでしょう。
　　①　　　　　　　　　　　　　　　　①

　　②　　　　　　　　　　　　　　　　②

③ からだのなかで、いい感じやここちよい感じがあるとしたら、からだのどのあたりの、どんな感じでしょう。
　　（　　　　　　　　　　　　）にある
　　「　　　　　　　　　　　　　　　　　　　　　　　」というかんじ

④ ③で見つけた、いい感じやここちよい感じを、じゅうぶんに味わってみましょう。
　　その感じにこころゆくまでゆったりとひたってみましょう。
　　いい感じやここちよい感じをどの程度味わえましたか。数字を○でかこんでください。

じゅうぶんに味わえた	かなり	やや	わからない	やや	かなり	まったく味わえなかった
7	6	5	4	3	2	1

⑤ これをやってみて、どんな感じがした（している）でしょうか。

ものの喪失体験をもっている。さらにそう遠くない死の訪れに向き合っている。筆者からみれば人生の不幸が共通項で当り前の高齢者たちにフォーカシングが癒しの援助となり得るかどうか、また未来への道を開く援助となるかどうか、どの点に検討が必要かをさぐりたい思いでフォーカシングを適用した。

2．面接方法と面接対象者

空間づくりのための「いまからだはどんなかんじ？」「いまどんなことがきになる？」の2種の質問形式（質問紙Ⅰ，Ⅱ　名大伊藤義美氏考案　1990年版）を用いて個別面接を高齢者の所属する場所で行う。1人1回50分。60名に各2回実施する（1995.10.31〜1997.2.26）。面接対象者は，つぎのAとBの2つのグループとする。

Aグループ：公立老人福祉センターで一日を自由に過ごしながら一般家庭生活を送る65歳から92歳まで30名〔センターでは入浴や数種の理学療法機器を看護婦管理のもとで利用でき，週一度の医師の検診があり，囲碁・将棋・カラオケ・踊りなどが楽しめ，パソコン講習などもありAM9：00からPM3：30まで利用できる無料施設〕。

Bグループ：特別養護老人ホームH園に入園している63歳から96歳まで30名〔定員110名。実際はショートステイを含めて150名。うち車椅子90名（全体の70％）で全員離床，寝食分離，少しでも当り前の社会であること，特別性はできるだけ除く方針のもとに4つの処遇ゾーン（軽介護・中介護・重介護・痴呆介護）に分かれている〕。

被面接者は，Aグループでは参加者の半数は自発的参加であり，半数はセンターの責任者の人選による。Bグループでは全員が所属ホームの責任者が人選した面接可能な人。

3．事　　例

事例①Aさん（Aグループ）92歳の男性（老人性難聴を伴い補聴器使用）。家族の送迎で通所している。ゆっくり，低い声であれば会話は補聴器がなくても可能で，ときどき聞きにくそうな様子のときは何度も繰り返してことばを交わした（大声で伝える必要はまったくなし）。「センターにカウンセラーが来て

2 高齢者の感情表出とフォーカシング

質問紙Ⅱ：気がかり方式の空間づくり用紙（1990年版）

い・ま・ど・ん・な・こ・と・が・き・に・な・る・？　　　　年　月　日
　　　　　　　　　　氏名　　　　　　　　（男・女）　歳
いまの，あなたの気持ちは？（a．落ち着いている　b．ふつう　c．落ち着かない）
① 気になっていること，気がかりなことは，どんなものがあるでしょうか。ゆっくりと，ひとつずつ浮かばせてみましょう。
（② それについての全体的なかんじとしては，どんなかんじが浮かんでくるでしょうか。）

[8つの枠、それぞれに①と②の記入欄]

③ 気になっていること，気がかりなことをみんな，ちょっと横において，気になることがなにもないときの，いい感じやここちよい感じをじゅうぶんに味わってみましょう。そのいい感じに，こころゆくまでゆっくりとひたってみましょう。
　a．どんな感じでしょうか。（　　　　　　　　　　　　　　　　　　　　）
　b．いい感じやここちよい感じをどの程度味わえましたか。数字を○でかこんでください。

じゅうぶんに味わえた	かなり	やや	わからない	やや	かなり	まったく味わえなかった
7	6	5	4	3	2	1

④ これまでの生活のなかで，いい感じやここちよい感じのできごとや場面が浮かぶとしたら，どのようなことでしょうか。ゆったりと思い浮かべてみましょう。
　a．できごとや場面（　　　　　　　　　　　　　　　　　　　　　　　　）
　そのできごとや場面をいきいきと思い浮かべ，イメージしてみましょう。そのときのいい感じやここちよい感じをじゅうぶんに味わい，こころゆくまでひたってみましょう。
　b．どんな感じでしょうか。（　　　　　　　　　　　　　　　　　　　　）
　c．いい感じやここちよい感じをどの程度味わえましたか。数字を○でかこんでください。

じゅうぶんに味わえた	かなり	やや	わからない	やや	かなり	まったく味わえなかった
7	6	5	4	3	2	1

⑤ これをやってみて，どんな感じがした（している）でしょうか。

いるので，もしよかったら何でも話してみるとどうですか」という看護婦のすすめで自発的に来室する。「足腰の弱りのため歩行は杖が必要で，長時間の椅子に腰掛けた姿勢は少々苦痛である」と面接早々に自ら断りを述べた。

　まず筆者から来室の労をねぎらったあと，「何か困っていることとか，気になることとかどんなことでもいいですよ。今，思っていることとか，少し話してみるのはどうでしょうか」と誘ってみたが，とてもとまどっていた。「身体の調子はどうですか」と声をかけると，即座に身体のあちこちについて肉体的痛みと不調を訴えはじめた。質問紙Ⅰに従って個々にAさんの訴えの順に従って，

　① からだのかんじ
　② そのかんじと付き合っているとどんなことが浮かんでくるか

にゆっくり付き合った。言いよどんでいるときは決してせかさず，もし体調が悪くなったらその時点で中止する覚悟で臨んだ。例えば，①の「からだのかんじはどうですか」に対して，必ず身体的不調の言葉である「痛い」「やめる」「こっている」とかの言葉が返ってくるが，②の「痛いなーってその部分に大事に優しくしていると，どんなことが浮かんでくるでしょう。ゆっくり待って……。何か思い出すことでも，どんなことでもいいですよ」というように問いかけた。ひととおり身体の各部について軽く触れ，「再度気になるとかもう一度と思う部分があったら……」と尋ねると，「左腕がこんなにかたいとは思わなかった」と言いながらその左腕をさすっていた。「もう一度，ゆっくり左腕はこんなにかたいんだねって優しくその左腕をなでていると，どんなことが浮かんでくるでしょう」とゆっくり待っていると，「重い!!」と一言いって，その後急に黙り込み，めがねをはずし，鼻をぴくつかせ，何やら気持ちに動きがあったらしい様子を示した。そしてポケットに手を入れ，さがしものをしている。とっさにティッシュペーパーと感じ，ポケットティッシュを差し出したら，大粒の涙がポロポロ流れた。無言でしばらく涙と付き合った後，戦争で抑留された頃の思い出をボソボソと語り始めたのである。

A：戦友の疲れ果てた身を置き去りにして，そのかわりその戦友の所持品だった銃をかつぐことを上司の命令で強要された。そのとき，左肩にかついだ戦友の銃の重さを一生忘れることができない。今まで自分だけの胸にしま

い込み，口に出しちゃいかんといつも自分にきびしく言ってきた。
U：戦友の銃の重さ，Aさんには戦友の身体じゃなくて銃を選ばざるを得なかった，そのときのこころの重さだったんですね。
A：自分としちゃあ実に恥ずかしいことです。
U：恥ずかしいことをしたという思いを，この50年間この左肩に封じ込めてこられたんですね。
A：うん，うん。〈手でしきりと左肩をなでている〉
U：しっかり左肩をなでてやって，ご苦労さんやったなあって言ってやりませんか。
A：〈涙と鼻水でくちゃくちゃにしながら，うん，うんとうなずいていた。ひと息してから〉
ありがとね，ありがとね。〈と筆者の両手を握り締め〉戦争の話は，誰も聞いてくれん。家族の者は「またか！」って顔するし，戦友仲間に会っても「あんただけやない！」って聞いてくれんし……。話して，いやな思いをするなら「二度と口にすまい！」って長いこと自分に決めとりました。
U：今日は久しぶりにあのときの，あの感じに会えたんですね。苦しくないですか。
A：いえ，いえ。
U：今，左腕，左肩の感じはどうかなーって，もう一度みてみるとどんなふうでしょう。
A：肩というか背中というか楽ですな。よろいをぬいだみたいですな。

　この後，Aさんはとてもリラックスした様子で家族の中で自分がする仕事がないことや，老いや障害によって地域社会から除外されていく哀しみを語り，「皆，順送りですわ」と現状を受け入れる言葉を残して退室された。
　Aさんは92歳にして，身体の物理的な感じ（筋肉のこり，かたい）から，身体でどのように感じられるかを，つまり「重い」を感じ，そこから過去の体験を思い出した。そして，そのときの苦痛と再会し，封じ込めていた苦痛を言語化することで「よろいをぬいだような」身体の快感を得たのである。さらに，リラックス感が深まり，今自分のかかえる老いの哀しみを表現し，それを受け入れる「皆，順送りですわ」という言葉で終わった。

事例②Bさん（Bグループ）94歳の女性（痴呆を伴う）で，入所6カ月。夫は50歳で病死，子なし。兄弟姉妹8人の上から3番目で，3人存命（94歳，84歳，79歳）。身だしなみはおしゃれで，マニキュア，化粧をしている。耳はよく聞こえるし，筆者の問いかけに素早く反応するので，とても痴呆を伴うとは思えなかった。「何か困ったなとか気になるなーと思うようなことがあるでしょうか」と尋ねると，「別に……」と口を閉ざす。質問紙Ⅰの「からだのかんじ」では身体の各部分についてゆっくり感じることができ，「気持いい」とか「ふっくら暖かい」とか「探しものが出てきたときのいい感じ」とか「いつも真っ白」とか豊かな表現ができた。足の部分を感じてみると「長距離だと足がつってくる」と不調を訴えたのが口火となって，現生活の不満の点，食事のこと，外出の少ないこと，ホーム内での共同生活に慣れないことなどを語った。また，腹を割って話ができる友達が誰もいない，世話を受けるにも職員に遠慮しながらで，家族もすでに遠くにあり，多人数が一緒に生活していながら孤独であることなどを涙ながらに語ったのである。

Bさんは話の中で今も夫が海外生活をしていたり，家族がいれかわりたちかわり面会に来てくれると，現実でないこともおりまぜて語りながら（この点が痴呆性であるといわれるのかもしれない），事実，今感じる不満感や孤独感も表現することができた。退室時に寮母さんに「いつも難しい顔をしているのに，今日は何かいいことあったの？」と声をかけられていたことから，Bさんにとって筆者と過ごした50分がたとえ一時のはけ口にでもなり得たかと感じられた。

事例③Cさん（Bグループ）86歳の女性（総入れ歯が安定せず話しづらい）。うまく入れ歯が役に立たず，ガフガフ落ちてうまく話せないので，途中から総入れ歯を出してしまい（突然のことで筆者も面食らったが），筆者にとってははじめ言っていることがまったくわからなかったが，次第に慣れてくると，顔の表現や声の高低から彼女の「表現の言葉」は十分伝わるようになり，筆者がぴったりの言葉を探して伝え返して確認しながら進むことで「からだのかんじ」に触れることができた。

4．結果と考察

Aグループ：話す，聞く機能は衰えてはいるが大きな支障をきたさない程度で，筆者と自然体で交流がもてた。

Bグループ：処遇ゾーン（軽介護・中介護・重介護・痴呆）により面接状態は非常に異なる。なんといっても身体的不自由度が高くなるに従って仲間からの距離ができ，筆者に対する人見知り度も増す感じがした。

(1) A・Bグループを通じて

質問紙Ⅰ・Ⅱは用いる順序は決めず，面接者との会話の流れによって随時に用いた。しかし，面接を重ねていくうちに気づいたことは，第1に「気になること」で始めるよりも「からだのかんじ」で始める方が面接が進行しやすいことである。この点が，中高生の若い世代とまったく異なる。高齢者には「気になること」で始めると「何もない」とかたくなな感じが続くことが多く，不快を示す。高齢者にとっては，この歳になって「気になること」があっても1人でどうすることもできない。不安であっても不満があっても，必ず自分以外の他者の力なくしては何も解消しないことを痛感しているので，もはや気にしないで過ごすように努めている人が多い，ということが面接内容から感じられた。しかし，反対に身体状況の訴えは老いとともに，ほとんど全員が何らかの苦痛を伴ってあらわれ，無意識にその身体症状を利用して，まわりからの関心や注意や愛情，ときには支配をも取り戻そうとしているようにも感じられる。身体症状の訴えは本人しか正確にわからないし，言語化することでその苦痛が一時でも軽減して感じられると本人たちが語っていた。それゆえ，まず第1に物理的（身体的）な感じであれ，フェルトセンスとしての感じであれ，自分にとって大事なことに他者が関心をもってくれることが，高齢者にはひとまずは満足が得られるのではなかろうか。その意味においても「からだのかんじ」に触れていくことが早くラポールがとれることに役立ち，同時にフォーカシングが進むうえでまず必要な「私のことをきいてくれる人が存在すると感じる」という点を十分満たすことができると考えられる。

第2に高齢になるに従って，感情を伴わないで事実性を述べるための「情報伝達の言葉」は乏しくなってくる。しかし一音一音発することによって感じが

あとで生まれる「表現の言葉」は声さえ出れば，また伝えようとする意思が働くうちは，知能レベルに衰えが始まってもかなり伝達できる。もちろん，聞く側に相当の忍耐が要求される。筆者にとってできることは，音に属する言語や非言語によって表現される話し手の気持ちや感じを大事に受け止め，できるだけ正確に伝え返すことが唯一の方法であった。高齢者にとって50分の身体的拘束はかなりきびしいものがある（気分が悪くなり中座された人が1名，2回目を断った人が1名あった）。

(2) AグループとBグループの共通点と違い

Aグループでは，各人が前回での親しみ度を継続して2回目を実施することができたが，Bグループでは各人は2回目であっても前回のことは完全に忘れていていつでも初対面の感じを示す人が多く，打ち解けるのに時間がかかった。しかし関係ができれば，50分の枠で打ち切ることに心残りを示す傾向が大である。両グループのこの世代の人々は，日常生活の中でいつも自分を隠して他者に合わせることを第一義とし，内なる自分の感じ，気持ち，考えと向き合う経験をあまり深くしてこなかったようである。「からだでかんじる」作業にとまどいを覚えながらも，筆者がいくつかの表現の例を示すなどして要領を得ると，次第に自分を語り始めた。Aグループでは今現在，家族からも社会からも自分があてにされていない不満とこの先どうなるのかという不安を，Bグループでは過去の思い出への固着がAグループよりも強く，今の孤独の辛さを語る人が多くみられた。両者ともに衣・食・住は満たされていながら，それぞれの「生きている」エネルギーの違いがとても印象的だった。

3 おわりに

今，ようやく老人福祉に力が注がれ出した。身体的ケアと心のケアは切り離して扱うことができない。AB両グループを通じて，高齢期に入ると特に身体と心の関係には，にわとりと卵の関係のごとく，どちらが先とも言いがたい循環性が顕著である。

身体の機能回復には望みが薄い点も多々ある。しかし，心のケアで気力の回

復を望むこともできる。今日1日の心の充実で，あるがままの身体機能低下との付き合いがいくぶん受け入れやすくなるために，方法としてのフォーカシングの適用，特に「いま，からだはどんなかんじ」を使って苦痛との「空間づくり」をすることは，たとえフェルトセンスを感じるに至らなくとも，とても有効と思われる。

　以上のことから，今後の問題点としてつぎのように考える。今の高齢者たちについてはチャンスさえあればかなりの高齢でも身体で感じる作業や感情を表出する作業はできるので，まずこのようなことができるチャンスの提供が必要である。さらに，表出したものを聞き手に伝えることができるためには，身体的不自由度に応じた言語以外の簡単な表現・伝達方法，手段を工夫する必要がある。また高齢者には，自分をとりまくファクターの種類と数には著しい多様性があるために，グループ化して取り扱うにはとても困難さを伴う。今回の報告はある一面の検討に過ぎず，今後も今回とは異なるファクターで検討を続けたいと考えている。

　文末になり恐縮に思いながら，高齢者たちとの面接の場を提供していただいた公共福祉センターとH園の皆様に感謝の意をお伝えしたい。

参考文献
伊藤義美　2000　フォーカシングの空間づくりに関する研究　風間書房

臼井克子

第6章

カウンセリング・心理療法への
フォーカシングの適用

1 はじめに

　体験過程療法からフォーカシング指向心理療法という名称が用いられるようになったようにカウンセリング・心理療法におけるフォーカシングが強調されるようになった。しかしカウンセリングや心理療法にどのようにフォーカシングを適用するかは重要な問題である。さまざまな用い方が考えられるが，伊藤（1999）には導入の時期などについてまとめてある。ここでは，カウンセリング・心理療法の場面にフォーカシングを導入した具体例を紹介する。

2 カウンセリング・心理療法への適用

1．適用例 1

　すでにはっきりと感じている不快な感じに触れて，その感じの意味を明らかにする。

　A君：高校生（男子）　17歳

　「息子が学校へ行かない」という主訴で母親が来談したことから，A君に会うことになった。高校2年生を2年留年した後で登校したが，登校後しばらくして息切れがみられ出した。面接のなかでA君が「からだが嫌な感じがする。気分が悪い」と述べたので，フォーカシングを導入した。面接回数は18回目で，フォーカシングを導入した最初のセッションである。

　　C：クライエント　　T：セラピスト

　　　　（ここまで面接開始後，約18分）

C 30：──略──〈沈黙40秒〉…《咳払》前から思っとったことかもしれんけども（ウム）あのー今でもすごくそうなんだけども（ウム）いまって今，現在《右の人差し指で下を差す》《笑》　今，ここ4時近くの今でも　オホホン（ウム）そのーからだがネ（ウム）すごく嫌な感じがするの（ウーム）気分が悪いというか（ウム）で，頭が重いっていうのか（ウム）そういう感じがあって（ウム）あったりまえのことか知れんけども（ウム）それさえなかったらネェ（ウム）すごく（ウム）気分をあやつることができるというふうに思っとるんだけどもネ（ウーム）　　　　　　─略─

T 33：いま，こうしてるでしょう。少しゆったりとして，そのときに自分のからだのどの辺が，嫌な感じとかかったるい感じがするのか，感じてみると，どう《リラックスして腹のあたりを触れながら》

C 33：すぐ自分でわかっとるということが（ウム）頭がすごく重いのとね（ウム）胃のあたりかな，胃の下のあたりか，自分でだいたい僕は胃拡張で胃下垂だと思っとるもんで《笑》　あのー多分胃のあたりだと思っとるけども。

T 34：胃のあたりが，どういう感じがするの？

C 34：気持ちが悪いというのか《笑》

T 35：気持ちが悪い。（そう）

C 35：なんていうんか，マラソンしてきた後の（ウム）直後から30分ぐらいたった後みたいな感じで《笑》　（ホー）なんていうんかな，（ウム）マラソンしてきた後の動悸，息切れというのはなくなったけれども（ウーム）まんだずいぶん胃がえりゃーにという感じで……。

T 36：胃がえらい，えらい……。その感じをネ，自分の胃の下かな，そこに少し今，聞いてみるというかネ。本当にそうなのかどうか，どんな感じか。胃のあたりでのそういった感じが今，A君が言ったみたいにネ，それでピッタリするか自分のなかできいてごらん。

──略──

C 38：あのねェ（ウム）例えば今から（ウム）ＴＶに出なあかんとかネー（ホー）例えばの話ですョ。みんなの前で話をするとかネ（ウム）そん

な時に緊張する感じがあるでしょう。（ウム，ウム）あの時の（ウム）落ち着かん感じが。（ウーム）

T 39：緊張して落ち着かないような，そんなふうな感じ。

C 39：うん，すごく気まずいことがあったときのような（ホー）あったなぁいう感じが（ウーム）「いやーあ」という感じ（ウム）要するにみんなの前で演説してネ（ウム）それがすごく失敗したようなことだったとかサ（ウーム）そういった感じのアチャーッという感じ（ウム）〈沈黙8秒〉… そういう感じかな（ウム）

T 40：もう少しそれ感じてみて。そういった感じで本当にピッタリかどうか……。

C 40：〈沈黙6秒〉… ハッ《咳払》今度は（ウム）反対にチャかすみたいなことになっちゃうか知れんけども（ウム）今もちょとすぐそこでジュースをガブ飲みしてきたのネ（ウム）そういう感じで，ただ単にその，いつもかな，暴飲暴食の感じがあるもんで（ウーム，ウム）単にほんでもって調子が悪いんじゃないかという感じがしんでもない。（ウーム，ハーハー，ウム）

―略―

T 42：何がなくなれば，そういうのはこう安らぐ，柔らぎそう？

C 42：んーと，あのーただたんにネ（ウム）朝早う起きてサ（ウム）ただたんに規律正しい生活をしとったら《笑》　（ウーム）よっぽどそういうふうにならんという感じがする。（ウム）

T 43：規律正しく生活を送れば，その感じはなくなるだろう。

C 43：うーん，いつもなんていうんかな（ウム）だいたいそういう感じでやっとるときはネ（ウム）学校でもすごく気分が良く（ウム）やっとるしネ（ホー）〈沈黙13秒〉

T 44：じゃぁーネ　規則正しい生活を送れるようになったときのサ，そういった状態を想像してみてネ，そうなったときの気持ちを感じることができるかしら。

C 44：うーん，あのーなんていうんかな（ウム）そういうときつうのは物考えないんだよネ（ウム，物考えない）

――略――

T 53：もう一度胃の気持ち悪さをネ，こう―じっと感じていて，その感じをうまく表現する言葉でもいいし，あるいは語句でもいいしイメージでもいいんだけどサ，それを表現してみるとどうだろう。

C 53：〈沈黙54秒〉…《咳払》多分いつもこういう感じは（ウム）しとるもんで〈沈黙16秒〉…今日学校へ行ってないでしょう（ウーム）それでそのー朝，母さん，いま出かけとるのネ（ウム）9時過ぎぐらいから10時までぐらいに，そのー（ウム）ほんじゃぁ，まあーわしー母さん出かけるけども（ウム）あなたは起きて，ちょっくら学校へ行って，ほんで帰ってきたらN大行きなさいヨという感じで言ったんだけども（ウム）結局学校へ行けへんかったでしょう（ウム）で，そういうことに対してなんていうんかな，**後ろめたい気持ち**とかさ（ホー，ウム後ろめたい気持ち）〈間5秒〉…いっちゃん最初に言ったみたいに今日はだいぶチャンスがあったみたいだもんでネ（ウーム，その気になれば）いつもはワーッもう寝たっという感じなんだけども（ウム，ウム）今日は，よし今日はちょっと頑張ってみようかなと思ったことがなんべんもあったもんでェ（ウム，ウム）結局，そういうふうに思ったときでも思わんときでも，今みたいな嫌な感じはなんかあるんだけども（ウーム）今日もそういう感じで（ウム）**やるべきことやらんかった**つうーのが，へんな感じである。（ウム，アー，ハハー）

T 55：やるべきことをしなかった。

C 55：うーん，そういう感じだわ。今日の場合は，（ウム）家におっても，オヤジなんかがおるので（ウム）やっぱしなんか嫌な感じがするのネ（ウム，ウーム）〈間7秒〉…要するに，その**後ろめたい**対象になる人がサ（ウム）一番強い人がお父さんでしょう（ウム）オヤジでしょう（ウム）んで…家にばあさんがおって（ウム）人間長いことやっとるせいか（ウム）なんにも動じんというのか知らんけどもネー（ウム）どうってことないみたいな感じで（ウーム）ばあさんにしてでも，そういうふうに思うしねェ（ホー，ウム）で，親戚の人とか近所の人でもそういう感じがあるし（ウーム，ウム）いっちゃん強いのがオヤジな

んかなぁ（ウーム）あのーその次に強い人はと言ったら誰かわからんけどもネー（ウーム）〈間5秒〉… で，そういう人のなかでオヤジがダントツで，エヘヘッ（ウム）あといっしょぐらいかな（ウーム）〈沈黙15秒〉… で，それを取り除くことはできんでしょう（ウーム）オヤジを取り除いたり，母さんを取り除いたりすることは《笑》（ウム）

T 56：仮にそうなったときのサ，そのときの自分の気持ちとか感情をネ，こう感じることはできないかな？　いま，この場で。

C 56：どういうとき？

T 57：うむ，そのー一番自分を脅かすお父さんならネ，お父さんをまるっきり取り除いてサ，非常に気持ち良くなったりネ，スッキリした気持ち良さを，いま，この場で感じてみると感じられないかしら。

C 57：うむ，感じられないって（ウム）記憶のなかではありますが，アッハハハッ（ウム）

　　　　　　　　　　　　　—略—

C 60：なんか《笑》　あの…言わんとすることがわかってきたというような気がせんでもないけども，フハッハハハッ（ウム，ウム）《二人笑》…… 　—略—　そういうふうに，悩まないようにしましょうというふうに努力しとるもんでェ（ウーム）悩まないんじゃないんでしょうかという気もするしねェ《笑》　（ウム，ウム，ウム）〈沈黙10秒〉…あ，たださ，さっきまでそのお腹の感じが嫌だったのが，アッハハハ（ウム，ウム）あのなんてのか，いまはほとんどしなくなっちゃった感じがする，フハハハッ（ウム，ウーム）アハッ（ウム）

T 61：あまり感じなくなった，嫌な感じは。（フハッ）うむ

C 61：あの…風邪ひいとるぶんだけ頭が重たいのはしょうがないとしても（ウム，ウム）

T 62：なんか少し生き生きしてきたみたいネェー。

C 62：なんかそんな感じがあります。アッハハハハ（ウム，T：笑）アッハハハッ（なんかこうおかしいネェ）おかしいですが…フハッハハッ《二人で笑》あーっフハッ

C 63：少し気持ちが楽になって，こうなんか少し力が湧いてきたみたい。

A君はからだの感じとかかわり,「後ろめたい」や「やるべきことをやらなかった」と表現するに到ってお腹の嫌な感じがなくなり,生き生きした表情になってきたのである。その後の面接では,A君は清々しい調子で話しだした。A君の場合フォーカシングの導入は,つぎの点で有効であると考えられる。①じょう舌気味で間がとりにくい。話に流れて,自己探求の過程が継続的になりにくい。それが,感情レベルやからだの感じレベルからの自己探究がより促進された。②身体に嫌な気分がある。頭(知性)でことがわかっているが,身体がいうことを効かない。すなわちA君にとって身体は自己と馴染まない異質的なものであり,身体との親密感の回復が必要である。したがってからだの不快な感じに注意を向けて,その感じを表現することは,身体への親密感と所有感を回復するうえでも有効であった。

2. 適 用 例 2

今あるからだの感じを探り,その中から1つを選んで注目し,それにつながる場面を浮かばせる。

Bさん:会社員(女性) 24歳

主訴は,「職場を辞めさせられそう。職場での仕事や対人関係がうまく行かない」。

この場でからだのどこかにどんな感じを感じているかの問いかけに,Bさんは今あるからだの感じを探る(面接回数は23回目)。頭には「眠い,疲れた感じ」を,胸には「あったかい感じ」を,そして足には「冷たさ」を感じた。身体の部位にそれぞれ異なった感覚を感じたのである。

どれか1つを選ぶように求めると,Bさんは3つの異なる身体部位から胸に感じる「あったかい感じ」を選択し,それに注目していった。Bさんは,Tの教示に,「どういうことか」とか「そんなのできるかしら」と戸惑いをみせたが,毛糸の帽子で顔を隠すようにしてフォーカシングを行った。やがて「あったかい感じ」から,その表現が「無邪気なものと明るいもの」,「甘いもの……アッ……綿菓子みたい」,「ピンク,ピンクみたい……ピンクのフワフワしたもの……」,「軽くて,雲みたいな,綿菓子みたい……」と変わっていった。この間,Bさんは「これでいいのかしら,自信ないわ」と言いながらも,Tに励ま

されて続けたのであるが，身体部位の移動はなかった。

　Tが，「その感じと似たような感じの経験は，なにか浮かびますか？」と問うと，Bさんは「何も不安がなくて，嬉しいとき…そういうときにあるみたい。それに似てる。」。Tが「そういうこと最近，何かある？」とたずねると，Bさん「11月から勤め出した新しい職場で，昼休みに同僚の親切な男性とキャッチボールをしたとき，すごく楽しかった。私のボールはあちこち飛んだけど，男の人はコントロールが良く，うまく捕れるように投げてくれたのでほとんど捕れたから嬉しかった」とまさに嬉しそうに語った。この時Bさんは身体に解放感を感じていたようである。こんなにはずんだ感じで話してくれるBさんは初めてであった。仕事のミスや対人関係に悩むBさんにとって，同僚の男性との楽しいキャッチボールは，今でも胸を暖かくさせるほど嬉しい経験であったのである。

　フォーカシングには問題や経験からそれに含まれる感情的意味を探究する方向性と，感じられている身体感覚（フェルトセンス）からそれを起こさせている「何かについて」(aboutness)を浮かばせて，身体を解放させる方向性とが可能である。身体の異なる部位に，同時に異なる感覚を感じる場合は，クライエントが注目したい部位や感覚をどれかひとつ選ばせるのもひとつのやり方である。また，異なる部位に異なる感覚があるというそのあり様そのものをフォーカシングの対象とすることもできるのである。フォーカシングの教授ステップを，かならずしもきちんと踏む必要はなく，扱う対象も自由であり得る。

3．適 用 例 3

　見つめたい気がかりから入るか，今あるからだの感じから入るか本人が選んで取り組む。

　C君：中学生（男子）　　14歳

　青年期危機のなかで起きてきた急性の登校拒否（優等生の息切れ型）と思われる。しばらく面接をして，いま，ここでのからだの感じに注目するか，扱ってみたい問題を浮かばせるかのいずれかでフォーカシングを導入する。また，最初にフォーカシングを入れて，その後で面接をすることもあった。

　X回目　面接の話題：どの学校にしようか。夢：ある景色の夢，不思議な感

じ。なんかやらなくちゃ。

フォーカシング1回目："いま，ここ"でのからだの感じから入る。①《みぞおちのあたりを押さえて》何かあるような感じ。②そこだけ熱いお湯にさわっているような。③特に熱いっていうわけではないけど，ちょうどお茶を飲んだときにここにあるなって感じに近い。④そこに血が集まっているみたい。⑤なんか胸がつかえて，ものがつかえているみたい。⑥やっぱり悔いが残っているみたい。⑦不安とかそういうのを考えなくてすむところへ行きたい。⑧下の方に動いて，お腹のあたりが重いような感じ。⑨外から押されているような……⑩ときどき押す程度で，それほど苦しくはない。⑪後悔というか，そういう感じ。〈約18分〉

X＋1回目 面接の話題：調子が落ちている。外に出るのが恐い。夢：中心街から田舎に出たような景色。もとの中学では馴染めないと思う。

フォーカシング2回目："いま，ここ"でのからだの感じから入る。①手を動かしたい。両手②なんか対象に向かって殴りたい。③悔しい感じ。メチャメチャ発散したくなる。④たいしたことないなと冷静になると，ちょっと力が抜けてくる。⑤両手がほてってる。前のことを思い出すからか。〈T「前のことはもう済んだと言ってごらん」〉⑥ああそうか。だるくなってきた。いつもこうだといい。〈T「どうしてできないかきいてごらん」〉⑦思い出さずにおれない。小休止。「前のことがモヤモヤしている」を問題にする。⑧頭が重い。⑨なにか大事なものをなくした後。⑩おろかな感じ。⑪おでこのあたりの力が部分的にない。⑫広がって顔全体に……。⑬頭の右側に集まっている。⑭耳の奥あたりへ動いた。⑮それがなにか確かめようとすると動く。〈約37分〉

X＋3回目 面接の話題：あきらめて元の中学へ行く気になった。自分をシゴいていないと気がすまないところがあった。そんなに気にせずやっていけると思う。

フォーカシング4回目：「元の中学へいく自分」を浮かべる。①頭の後の下から前にかけてモヤッとして，うっとうしい。②押されているみたい。③ちょっと下がった。かなり強い感じが。④痛みというか重い感じ。動いちゃう。首が痛くて，頭の真ん中に頭痛があるみたい。⑤首に，頭にかなり強い圧迫感が……。⑥さんざん負けて元の中学に通うことが残念。「クソッ」という感じ。

すごく悔しい。中学よりもっと広い,全体的なものがかなり大きくかかわっている。⑦疲れるというか面倒くさい。嫌になった。⑧「やるぞ」と同時に「もう,えらいなぁ,疲れたなぁ」。⑨アッチへ行ったり,コッチに来たり。⑩「やってやるぞ」の方にいたが,ときどき力が抜けていく。力がスッとしぼりだされていっちゃう感じ。⑪グーッと力が抜けて,なんとなく眠くなっちゃう。〈約24分〉

X＋5回目 面接の話題(1):コンサートに行った。真面目くさってたのが崩れてきた。人間的にかなり変わった。すごく楽になった。ストレスは発散できる。世界が広がった。「考えすぎ病」みたいで,少し調子が崩れている。

フォーカシング6回目:「考えすぎる自分」を問題として扱う。①頭の奥にあるものに淋しくなる。②生きる先が狭まって,生きる気がしない。③それが頭の奥の方にある。苦痛の種。④もっと大きな問題がある。⑤のど元がつまった感じ。⑥痛いというか……やはりつまった感じ。⑦すごい力の素というか,中になんかある感じ。⑧すごいエネルギー。いいエネルギーかどうかわからない。こうしてると消えて行ってしまう。⑨そういうことを考えているときと,そうでないときとすごく気分が違う。⑩「どうでもいい」というのと,すごく関係している感じ。詞と曲と自分が合わさるとピッタリくる。⑪〈「からだには何か？」〉消えちゃった。一時的にどこかに行ってる。〈約13分〉

面接の話題(2):考えてもしようがないことを考えちゃう。もっと変わってほしい。

X＋7回目 面接の話題:家族の性格,体質。夢:宿題を忘れ,点数を引かれるので抗議している。中学へ行く自信はある。不安はないが,親は心配している。

フォーカシング7回目:「これから勉強以外でどうやっていくか」を気がかりとして浮かべる。①朝起きて,休みの日で晴れているときみたい。②やる気がある,ちょうど勉強の調子が乗ってきたとき。腕あたりから上半身に。③入学するときの感じ。不安はあるけど希望は大きい。④そんなに気にする人じゃなくなっている。その分楽。⑤いなしていける。⑥執着もない,とてもサッパリした感じ。〈約11分〉

このようにフォーカシングを7回適用した。そこに表れたフェルトセンスの

表 6-1　フォーカシング過程におけるフェルトセンスの主な象徴化

回数	フェルトセンスの象徴化
#1	⑥悔いが残っている(−)　⑪後悔(−)
#2	②対象に向けて殴りたい(−)　③悔しい感じ，発散したくなる(−,−)　⑨大事なものをなくした後(−)　⑩おろかな感じ(−)
#3	②前よりもまともになった(＋)　③昔のことと関係なくやっていけそう(＋)　⑤まだホッとできない(−)　⑥前のことにこだわっている，先のことに自信がない(−)　⑭力が抜けていく出口，そこからエネルギーが吸収されていく(−)　⑯この先あんまり希望的じゃない(−)　⑰「もうやめとけョ」，どうせやったって変わんない(−)
#4	⑥さんざん負けて残念，すごく悔しい(−,−)　⑦面倒くさい，何につけても嫌になった(−)　⑧「これからやるぞ」と同時に「もうえらいなあ，疲れたなあ」(＋,−)
#5	②腹立たしい(−)　③みじめ，自分が腹立たしい(−,−)　④悪あがきをしていた(−)　⑥すごく楽な感じ(＋)　⑨すごく気分が楽，いつもそんなふうではダメ(＋,−)　⑩自分をたたきのめして(−)　⑪フッと楽になる，妙に力が抜ける(＋)　⑱少し霧がかかっている(−)　⑲なんかさぼろうろうかな，いやダメだ(−,＋)　⑳＜2つの反対方向の気持ちが＞争っているときに感じる状態(＋,−)
#6	①淋しい(−)　⑤のど元がつまった感じ(−)　⑥痛いというか，やっぱりつまった感じ(−)　⑦すごい力の素，中になんかある感じ(＋)　⑧すごいエネルギー(＋,＋)
#7	②朝起きて，休みの日で晴れたとき(＋)　③やる気がある，勉強の調子が乗ってきたとき(＋)　⑤入学するとき，不安はあるけど希望が大きい(＋)　⑩とてもサッパリした感じ(＋)

(＋)ポジティブな感情　(−)ネガティブな感情　(＋,−)両価的感情

象徴化をあげておくと，表6-1のようになる。これはあくまでもフォーカサーの感じの表現からまとめたものである。感情の質は，ネガティブ感情から両価感情へ，そしてポジティブ感情へと推移しているのがうかがえる。

3　おわりに

クライエントがフォーカシングに馴染むのに時間が必要であることも少なくない。ここでのフォーカシングは，いずれも治療関係が成立しているところで適用している。また治療面接とフォーカシングをやや区別している。このような適用の他には，治療面接の中にフォーカシングの要素を柔軟に入り込ませて活用していくことが考えられる。そのためには，セラピスト自身がフォーカシングを十分自分のものにしていることが求められる。

参考文献

伊藤義美　1999　エンカウンター・グループへのフォーカシングの適用　伊藤義美・増田　實・野島一彦（編）　パーソンセンタード・アプローチ：21世紀の人間関係を拓く　ナカニシヤ出版　pp. 123-135.

伊藤義美

第7章

カウンセリングの中でフォーカシングを活用した事例

1 はじめに

　本事例は，先天的な障害をもちながら競争社会で取り残されないよう必死に頑張ってきたが，成人期の課題である「結婚」，「昇進」，「障害との向き合い方」などをきっかけに混乱し，耳鳴り・視線恐怖などの症状を呈して来談した。約1年，20回の面接の中で，障害や当面している問題について，新しい「付き合い方」を模索し，それらとの「向き合い方」の糸口を見出すことができた。カウンセリングの中で，フォーカシングを活用したので，その前後で，クライエントがどのように変化したのか，また，その後，カウンセリングはどのように進んでいったのか，経過をたどりながら検討する。また，カウンセリングの中でフォーカシングを活用することについて考えてみたい。

2 事例の概要

　クライエントは，30歳代の男性。#1で話された主訴は，「仕事では，自分の足で立ってやっている感じがない。休職をきっかけに息切れ感がある」「初めて同じ障害をもつ患者会に参加してショックだった」「対人関係で疲れが溜まり，めまいや耳鳴りがする」「異性関係に非常にエネルギーを使う」などをメモ用紙に書き並べ来談する。
　父と母，妹2人の5人家族。大学卒業後，商社に就職。数年前に先天的障害について手術のため3ヵ月休職する。歩行には杖が必要である。

3　面接経過

　面接時間は，50分。初め週一回で面接していたが，少し間を空けたいというクライエントの申し出で，#12から#13は2ヵ月空いている。#17からは月1回のペースである。

1．初期〈当面している問題から間をとる期間（#1〜#5）〉

　(#1) エネルギーを使い，思い切って来た。話したいことをメモして来た。自分の足で立ってやっているという感じがない。（主訴について語られる）緊張をすると，本当の自分を見つめているもう1人の自分がいる。前へ行こうとすると，もう1人の自分が引きとどめようとしている感じがある。仕事では，三ヵ月の休職をきっかけに窓際にされ，仕事に息切れ感もある。考えが堂々めぐりになる。(#2) 人と付き合うとき自然な自分を出せない。人間関係でぎくしゃくする。私の居場所がない感じがする。今まで挫折体験をバネにしてもっと成長したいと，頑張ってやってきた。それが今になってどうしようもなくなったという感じがある。(#3) 幼い頃から積もり積もった父への嫌悪感が一気に出ている感じ。障害のため失禁して親にひどく叱られた。殴られたこともある。ここ3回ほど通い，話すべき問題は話したので，ここへ来るときに何を話そうかと思う。(#4) 仕事で昇格したが，荷が重いと感じている。自分で自分を批判している。自分がつぶれてしまう。萎縮してどんどん小さくかたくなってしまう感じがする。1つの考えがあると，それにつれて次から次へと考えがブドウの房のように続けて浮かんでくる。いても立ってもいられなくなる。

　(#5) フォーカシングを活用したセッション

　職場で非常に緊張した。耳鳴りのため聞こえにくい。心や情緒の成長が未熟なのじゃないか。仮面をかぶって社会人を装っているが，中身はまだ，子どもじゃないかと思う。〈困り果てたという感じ，Co（カウンセラー）への質問も多く，答えてくれるのをじっと待っているという沈黙が続く〉
《フォーカシングへ誘ってみる》
「気がかりなことをどこかに置いてみることはできそうか」

気がかりなことは，左耳の耳鳴り。置くことはわからない。目をそらすことはできる。
「身体の内側に注意を向けると，どんな感じ？」
　身体が，下に沈んでいく感じがする。身体の感じは何か暖かい。肩のあたりにかたくこった感じ。柔らかくなり，すーっと解けた感じに変わった。注意は頭の中にある。身体は，重たい感じがする。足の方に移った。しびれた感じ。頭に戻ってきた。何だか，チューブの中を神経が流れるのだが，チューブの内側に汚れがついていて，スムーズに流れない感じがする。少し流れがスムーズになった感じもある。身体全体が，右から風を受けて左側にたなびく，時計の針の左に回っている感じがする。今文字盤の6の位置にいる。段々流されるのがゆっくりになってきた。腰のあたりに変わった。肩のあたりが，すごく軽くなったような気がする。落ちついた気分になった。
〈気がかりなことを置いてみるとか，身体の感じを味わってみる，ということになじみがなく，初めは難しそうだったが，そのうち呼吸や表情も和らいで来て，リラックスできた様子となる。〉

2．中期1 〈当面する問題から適当な距離がとれ，面接の中でフェルトセンスが形成される期間（#6〜#16）〉

　（#6）「気楽」に過ごせた。子どものとき将来の夢でパイロットになりたいというと，「重いものがもてないからだめ」と障害のためできないことを挙げられて夢をつぶされた。父は感情にまかせて怒り，よく殴られた。（#7）障害のために自主的にセーブしないと長く続けられないので力一杯やれない。私のためにわざわざ会社が作ってくれたという脆弱な立場の仕事をやっている。今まで自分の性格をいろいろ考えたり分析して，ああいう問題がある，こういう問題があるというだけで，肝心な自分を変えようと努力してこなかった。堂々めぐりから問題がはっきりした。（#8）初めに比べ安定している。外側だけを取り繕ってきたので自然な自分が出せない。私の欲求は消しきれずに，くすぶっている。それがときどき燃え上がり混乱する。フォーカシングは，かたいかたまりがすっと溶けた。中毒になりそうで心配になった。本当の問題を残して場当たり的に問題を解決している感じがした。〈次回は，少し間を空けて様子

を見たいというので，2週間後とする〉

（#9）私にはふらふらしているコマのような感じがぴったり。家では，孤独感，大海にひとりぼっちで放り出されるような気分。父への反発で回ってきたが，回転力がなくなりふらふらしているコマそっくりな自分。今まで頑張ってやってきた，弓を力いっぱい引いてぎりぎりで，矢がどこに飛んでいくかわからない感じがする。（#10）普通の日々だった。〈沈黙〉私は人付き合いを避けてきた。人とフランクに接したいといっても無理じゃないか，頭で考えることと気持ちがうまくかみ合わない。（#11）平穏に暮らすことができた。本当の腫れ物に触れないで過ごすことができたが，何かの拍子にそれに触れるとパニックになってしまう。（#12）患者会のように外から強い刺激を受けると途端に混乱してしまう。ここで話すことではっきりしてきた。職場では，下書きをしてから話をするような堅苦しい雰囲気。ここでは，ぶっつけ本番で，出たとこ勝負。こういうことは他にはない。しばらく間を空けたい。次回は2ヵ月後。

3．中期2〈フェルトセンスの発見，フェルトセンスとともに過ごす期間（#13〜#16）〉

（#13）2ヵ月間何もなく過ごした。今の自分は檻の中に入れられて，そこから抜け出すことができなくて泣けてくるような感じ。どうもがいても頑張っても，どうしようもない行き止まりが前にあるようで悲しくなる。自分の足についている鎖を見て泣けてくる。その鎖がいっぱいに張られる前に，進むことを諦めて逃げ出したくなる。（#14）この2週間にいろいろなことがあった。支店長に会社が私のことをどう思っているか聞きに行った。「君にやってもらう仕事はない」と言われた。私を活かせる職場がないということだった。今すぐ辞めようとは思わないが，定年までは虚しい。（#15）なぜ，ここへ来るようになったのか考えてみた。最近は地下鉄でも人目は気にならない。以前の問題は何だったのかと思う。まだ深い問題があるのに表面的なことばかりに気をとられているのだろうか。（#16）以前は借り物の姿だった。何が変わって何が変わらないかについて考えた。川底にヘドロが溜まっている状態を想像した。以前の私は，その川がせき止められて流れがなく，川底のヘドロがぶくぶくと

沸き上がっている状態だった。それが，川が流れるようになった。表面の水が流れるので，日常的にはうまく行っているように見えるが，川底には相変わらずヘドロが溜まっている。〈長い沈黙〉ヘドロを直接扱うような取り組みをしたい。

4．終期〈フェルトセンスを感じ認めることで，新しいフェルトセンスへの変化（#17～#20）〉

（#17）ヘドロは確実にあるし，そのヘドロに触れるとたまらなく辛くなる。ヘドロとは何か，よくわからないが，1つは父親のこと。1つは学歴のこと。父への反発の中で思春期を過ごしたので，自分で自分の道を歩んだという充実感が伴わない。大学受験のときに「金属バット殺人事件」が起きた。当時の私の心境と犯人の心境はまったく同じだった。犯人の受験生の気持ちがとてもよくわかったことを思い出す。（#18）今まで厚い殻で被われていた核心が薄皮一枚になってしまった。いろいろなことで辛く感じる。考えが頭の中をぐるぐるめぐり，眠れないこともあった。考えがめぐっていると，思い当たることがあった。家に客が来ると，見苦しいからということで，私の足の装具を隠していた。くやしさを味わいたくなかったので，初めからできないことに加わろうとせずに，評論家のような立場をとることが多かった。仕方がなく自分の気持ちを抑えるしかなかった。評論家でいては結局何も解決できない。どうがんばっても，杖なしで歩けるようにはならない。（#19）この1ヵ月は，平穏だった。子どもの頃から，障害のためできないという悲しみや絶望を感じるのが嫌で，やりたいことがあっても初めからそういうことはしたくないこととして，悲しみで傷つくことを避けてきた。正面から向かい合うのではなく，斜めに構えているのだと思う。あーこうやって話してみて，それはとても自分にぴったりな言い方だと思う。私は，いつも自分には批判的で，なかなか自分を認められないところがある。（#20）以前は，嫌なことを消し去ってずーっといい気分でいられるようになるつもりだった。私が考えていたのは，汗をかかずにいつも乾いたシャツを着て，いい気分でいたいということだった。でも，生きていく上では，汗もかくし，不快な気分にもなる。今日で1つの区切りとしたい。いいときもあれば悪いときもあるというのが人生だとも思う。今までは，母に

対しても弱いところは見せたくなかったが，最近は辛かった話も自然にできる。父は相変わらず。あれほど嫌いな父だが一緒に旅行に行く計画を立てた。自分から父と一緒に旅行したいと思うのは不思議。〈沈黙〉仕事に対しても，年下の上司の下で働いている自分を想像すると自分が可哀想だと思う。それでも，なんとかしがみついている。〈沈黙〉以前は人の評価も気になっていたが，それ以上に自分が自分のことをあれこれ評価していたと思う。
〈「机の上にでも飾ってください」と小鉢植えの白いデンドロビューム（スノーダンス）を贈られる〉

4 考　察

1．カウンセリングの経過

　30歳の危機といわれるように，クライエントにとっては，発達的・心理的に大きな過渡期であったと思われる。「仕事上での処遇のされ方」「異性との関係のもち方」「親子関係（特に父との関係のあり方）」「同じ障害をもつ集団への参加」で大きく揺すぶられたため人生目標の再評価の中で大きく混乱してしまったのではなかろうか。また，不自由な足に対する見方も，「障害のあることを無視して頑張ること」から「障害を正面から見つめ，うまく付き合っていくこと」へ大きく変化していった過程であったと思われる。変化の過程はどのように起こっていったのだろうか，つぎに面接の経過を時間的な流れと，クライエントの体験過程に沿って4つの期に分けた。

　初期は，#1から#5までである。せっぱ詰まった様子であり，クライエントは，なんとかしようともがいている。自身で考えに考え抜いているが，堂々めぐりとなっていることや視線恐怖も語られている。また，問題の発生の契機についても詳しく語られている。ここでは，問題に巻き込まれ，混乱しており，どうにも身動きがとれなくなっている状況がうかがわれる時期である。しかし，そういう問題を，1つ1つメモ用紙に箇条書きにして持参してみたり，セッションの中で浮かんできた苦しい状況を1つ1つ丁寧に説明したりすることで，クライエントが取り込まれ巻き込まれて身動きできないでいる問題との適切な距離をとっている時期だったのではなかろうか。第1期は，5回のセッション

を通じて，フォーカシングのステップでいうところの当面する問題とクリアリングスペース（空間づくり）を行っていた時期であったということもできる。

中期1期は，#6から#12までである。この時期は，日常生活では比較的安定した生活が送れる。回る力が弱まってしまい，ふらふらしているコマのような感じ（#9），大海の真ん中でひとりぼっち，不安な感じ（#6），欲求がくすぶっている感じ（#10），弓を力いっぱい引いてぎりぎりという感じ（#9），本当の腫れ物（#11）などが語られている。クライエント自身が，いくつかのフェルトセンスを感じ始めており，フェルトセンスとして，そこには「孤独感，不安など」があることを認めている時期といえるのではなかろうか。

中期2期は，#13から#16である。中期1期と中期2期は，クライエント自身からの申し出で2ヵ月間の中断がある。この中断の間も，現実生活では，大きな混乱もなく過ごせている。#13では，どうもがいても，頑張っても，どうしようもない行き止まりがあるようで悲しくなる。足に鎖が巻かれていて，頑張ってもその鎖がいっぱいに張るまでしか前に進めない感じで，自分の足についている鎖を見て泣けてくる，と語られ，#16では，川が流れるようになったと思う。表面の水が流れるので，日常的にはうまくいっているように見えるが，川底には相変わらずヘドロが溜まっていると思う。と，クライエントの内面にクライエント自身が，近づきすぎず，離れすぎず，急ぎすぎず，適度な距離と早さで，内面に目を向け，そこにあるフェルトセンスと一緒に過ごすという時期ではなかろうか。この期から「沈黙」も多くなる。

終期は，#17〜#20の4回である。#17では，流れの底にあるヘドロを知的に分析したり，頭で理解しようと努力していることが語られることが多かった。再び問題に巻き込まれ，「ヘドロ」に急接近してしまったのではないだろうか。「ヘドロ」はクライエントの1つのフェルトセンスであるとも考えられ，そのフェルトセンスにゆっくりと時間をかけて付き合うのではなく，知的な理解を進めようとかなり頑張りすぎたため，粗雑な扱いとなってしまっていた面もうかがわれる。#18では，「いろいろなことを考えてしまい，頭の中をぐるぐるとめぐっている」と混乱している様子がある。しかし，混乱している問題を1つ1つ書き出すなど，巻き込まれている問題からクライエント自身が工夫をしながら距離をとっている。そして，#18でそれらから適当な距離がとれると，

#19までの1月は比較的安定して過ごすことができたのであろう。#19では，面接の場（今ここ）で，「やりたいことがあっても障害のためできないという悲しみや絶望を感じるのが嫌で，初めから，したくないこと，悲しみで傷つくことを避けてきた。正面から向かい合うのではなく，斜めに構えていた」とぴったりな言い方を発見している。ここは，クライエントのフェルトセンスへの接し方の大きな転換点であったのだろう。#20は，予告もなく，セラピストにとっては，やや意外な終結であったが，クライエントにとっては，#20で終結しようと決めての来所であった。#19から#20までの1ヵ月間で「いいこともあれば悪いときもあるのが人生なんだ」という思いがしっくりとクライエントの腑に落ちたと考えられる。沈黙が多いなか，クライエントが現在当面しているテーマである「仕事への思い。父への思い。母への思い。異性への思い」を1つ1つまとめてみながら，置いていき，最後に自分自身へ，性格，自身の身体の不自由さへの優しさと慈しみが語られ終了となった。

面接のプロセスは，フォーカシングのステップと同じような進み方であったともいえる。とらわれている問題から間をおく→フェルトセンスを感じてみる→それを認める→シフト→新しいフェルトセンスへの変化→終了という進み方であった。

2．面接の中でのフォーカシングの活用

フォーカシングを直接，利用したのは#5の中の1回だけであった。このセッションでは，クライエントからなんとかする方法はないかとせとぎわの要求があり，「身体の内側に注意を向ける」「それを感じてみる」という，フォーカシングの簡便法を提案し，試みた。これにより，頭の中でいろいろと考え抜くことで悩みを解決しようと堂々めぐりであった状況から視点が変わった。クライエントが自身のフェルトセンスへ注意を向けてみるという契機になったと思われる。#5でのフォーカシング体験は，クライエントにとっては，今までの頭の中で考え抜くということから，クライエント自身がそれまで気づかなかったり，無視していた「身体の感じ」の存在に気づくきっかけとなったのではないかと思われる。

フォーカシングの直接活用は，#5のただ1回だけであった。その後の面接

の中では，フォーカシングについて，#8で「フォーカシングは，かたいかたまりがすっと溶けた。中毒になりそうで心配になった。本当の問題を残して場当たり的に問題を解決している感じがした」と語られている。クライエントにとっては，#5でのフォーカシングで，どのようなことが起きていたのかわからなかったのだろう。そのため，このような感想になったのだと考えられる。クライエントの「身体の感じ」とクライエントが現在置かれている「状況」との関連性をもう少し明確にできていれば，フォーカシングで起きていることがより理解できやすかったかもしれない。

　また，このフォーカシングで，「身体の感じ」や「フェルトセンス」に対して，否定的に扱うのではなく，その存在を認めて，優しくそれと一緒にいるという態度をクライエントはおぼろげながらも感じ取ることができたのだと思われる。クライエント自身にとっても，「否定的態度」から「肯定的態度」への変化の糸口が，たった1回ではあったが，フォーカシング体験から見出されたのではなかろうか。そして，その後のカウンセリングの進み方にも，そのようなクライエントの態度の変化が大きく影響したのだと思われる。

岡田敦史

第8章

フォーカシングとしての「こころの壺」：
産業臨床での適用

● 1 はじめに

　産業臨床では社員のメンタルヘルス対策が期待される。これまで，産業臨床ではフォーカシングをストレスマネジメント教育として適用した野田（1997）の報告があるが，筆者は職場への不適応者の援助としてフォーカシングの適用を試みた。フォーカシングを，継続的な治療を主眼とした援助ではなく，危機介入的な援助のための応急的方法として用いたのである。

　筆者は，ある紡績工場の女子寮で遠隔地出身の勤労学生を対象に産業面接を行っていた。その産業面接には，つぎのような技法が必要とされた。

(1)短期技法―短期の，ときには即時の一応の適応が得られること。面接は仕事か学校のいずれかを休まなければならなかった。退社が退学に結びついた。

(2)内容叙述不要法―問題の内容について話さなくても行えること。仕事も私生活も同一集団のため，問題の内容について話しづらかった。

(3)リラックス技法―身体の不調に対応できること。こころの問題としてよりも身体の不調として訴えることが多かった。

(4)環境調整志向法―クライエントの環境を整えること。未成年者も多く，家庭的にも経済的にも恵まれないことが多々あった。

　こうしたニーズにフォーカシングは有効であり（Ferguson, 1982; Gendlin, 1982, 1993; Don, 1977; Weiser, 1993; de Bruijn, 1993; 蒲生, 1996），筆者はフォーカシングの1つの方法である「こころの壺」（横山, 1989, 1993；田嶌・大脇, 1993）を適用した。「こころの壺」の事例を示し，その特徴と産業面接に適用する意義について述べたい。

2　産業場面における「こころの壺」の適用

「こころの壺」は，横山（1989）が壺イメージ療法（田嶌，1987）を年少者（小2）のチック治療に適用した経験から生まれた。壺イメージ療法で壺に入り，その感じをことばで表現することを嫌がった子どもに，壺に入らないで浮かんだ壺のイメージを描画してもらい，それについてフォーカシングを行ったことから生まれたのである。その後，横山は産業面接に適用できるよう改良を重ね，治療にも使えるとの田嶌の示唆もあり現在の形に至っている。

筆者は産業面接において「こころの壺」を治療としてではなく，とりあえずの適応を得るための応急処置として適用した。適応の対象は，不登校，欠勤，退職，身体の不調，入社直後の混乱，居室・職場・学校の友人関係の不調，上司とのトラブルなどの不適応状態にあって，少しの援助があれば自力で切り抜けられる人たちであった。

自発来談はまれであり，ほとんどが上司の勧告や職場の看護婦のすすめによる来談であった。クライエントは不適応状態を自覚していたが，来談の動機は低かった。そこで，不適応状態を改善する目的で初回は原則として「こころの壺」を提案し，適用した（退職する意志の強かった1事例を除いて，応じた）。

「こころの壺」の施行によって，体験過程の進み具合はさまざまであったが，クライエントはいずれも不適応状態を他者の問題としてではなく，クライエント自身の問題として引き受け，いくつかの事柄に分類・区分けして整理し，取り組んだ事柄の感じに触れ，味わい，問題とに間ができ，心身ともにホッとすることが実感できた。つぎに「こころの壺」を実際にどのように適用したかについて述べよう。

3　「こころの壺」の実際

「こころの壺」の用紙，カラーペンを数本用意する。

1）導入　リラックスの後，つぎのような教示で導入した。その際，気がかりなことについて内容を述べなくてもよいことを強調してクライエントに伝え

た。「部屋がゴチャゴチャしているとどこになにがあるのかわからなくて困るでしょう。気持ちだってそうだから、こころの整理をしたらどうでしょう？」、「これはテストではなくって、自分のためにするのだから言いたくないこと、言えないことは言わなくてもいいですよ」、「もし、身体のどこかに不快な感じがあれば、その感じを簡単な絵や模様にして壺のなかに描き入れましょう。人にわからせなくてもいいから、自分にだけわかるように描けばいいです。壺はその感じを入れておくにふさわしい壺を描きましょう」

　2）こころの壺の記入　「こころのなかのことがすべて入っている壺を描いてください。できるだけ大きな壺に描いてください」、「今、こころの壺のなかにどんなことが入っているのかなーと自分に尋ねるような気持ちで、何か浮かんでくるまで待ってみましょう。目を閉じた方がやりやすいかもしれません」、「例えば、気になっていること、不安に思っていることなどが浮かんでくるかもしれません。楽しいこともあるかもしれませんね」、「浮かんできたら、1つずつ指で数えるようにしてみてください」、「浮かび終わったら、それぞれを簡単な絵や模様や記号でこころの壺のなかに描きましょう。自分にだけわかるように描けばいいですよ。他の人にわからなくていいですよ」

　3）壺分け　「こころの壺のなかに描いたことを（別々に）分けましょう。周囲の円に中身にふさわしい壺を描いて、そのなかに描き写しましょう」、「そして、中身が出てこないように安心できるふたをしましょう（壺に名前をつけましょう）」

　4）見て感じる　「壺分けしたものから、取り組めそうなものを1つ選びましょう」、「それをながめてみましょう。ながめているとからだにどんな感じや気持ちがしてくるでしょうか」、「目を軽く閉じて、その感じとしばらく一緒にいてみましょう」、「浮かんできた言葉やイメージはなんでも受け入れ、その感じとぴったりかどうかその感じに尋ねてみましょう」

　5）後始末　「目を開けて、描いた絵を見てみましょう。最初の感じと比べてどうでしょうか？」、「もし、まだ不快感が残っているならその感じを空の壺に描きましょう。そして、ふたをしてどこかに片づけましょう」

　［注］筆者はカラーペンだけでなく色鉛筆を使用することもある。3）壺分けでは壺に名前をつけるようにしている。現在は、4）見て感じるでは、取り組めない場合、

取り組まない場合も考慮されている。クライエントの希望，能力，時間の余裕，集団のサイズなどの条件によって，壺分けしたものの全体をながめ，感じて終えることもできる。4）で「どうなったらいいだろう？」と問いかけることもできる。もし「こうなったらいい」と何かが浮んできたら描いてもらうこともできる。]

● 4 事　例

事例1：15歳の高校1年生女子。高校を休みがちのため寮母が依頼。学校を休み，自室にいたのを呼び出されて面接。素直な感じで来談。初対面。

考察：「言えないけれど」と内容を話さなくてもいいことをクライエントは理解しており，初対面でも安心して集中できたようだ。問題の感じの質に触れ

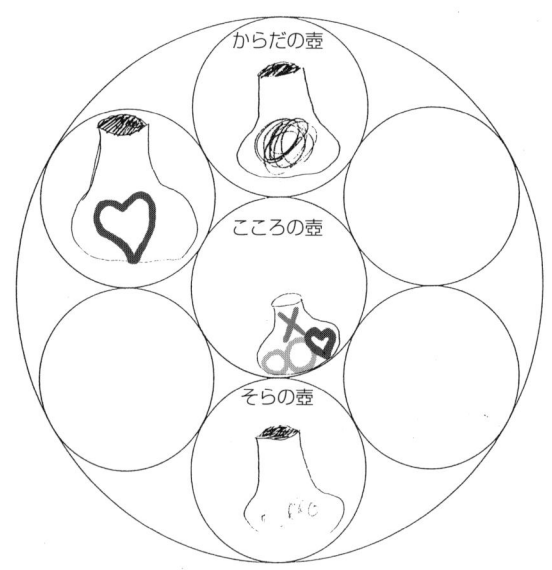

「出ないからうれしい」→「あつくなる，かたまってその部分だけ」→「言えないけれど，どんなあつさかわかった」→「大きくなってうれしい」→「楽になった」

その後休む回数は減少。面談のチャンスなし。母の発病のため，退社・帰省。

事　例　1

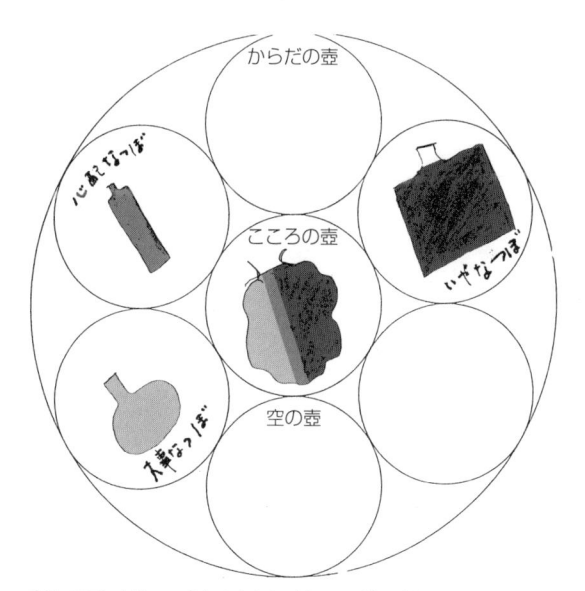

「頭から肩にかけて、がしんとした感じ」→「右に倒れていきそうな、ひきづられていきそうな（感じ）ドーンと強くはないけれど（ひっぱられる）」→「あれ，斜め（になった），まっすぐ歩けない，肝を抜くときのようにひっぱられる」

からだの感じはスッとしたが、いやな壺は変わらず。片づける教示で「焼いてしまいたい」。2日後の面接で、いやな壺は燃やしてしまったから気にならないと答える。卒業間近に体験の意味を尋ねると「人生観が変わった、大人になったような気がした」。

事 例 2

ることができ（「出ないからうれしい」，「あつくなる，かたまってその部分だけ」），その意味を確かめることができた（「どんなあつさかわかった」）。その結果「楽になって」終了している。問題そのものは変化しないが、問題の感じ，意味が明確になり、からだ全体として楽な感じを体験できたといえる。問題の内容を述べなくても、1回限りの面接で心身のリラックスが得られ、こころの整理が行えた事例であろう。

　事例2：短大1年の18歳の女性。身体的な異常はみられないが、不眠や高血圧のため看護婦の依頼で面接。肩・背のこり、頭痛を訴えるので、からだは

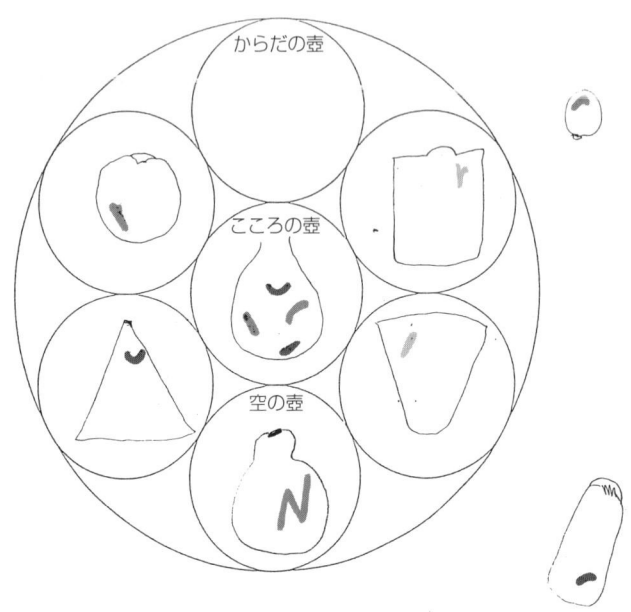

98　第8章　フォーカシングとしての「こころの壺」

「イヤな感じ」→「痛むような感じ」→「キリキリ」→「チクチク」→「不安になってくる」→「しめつけられる」→「灰色（の）雲みたい（なものが）取り囲んでいる，体中を」→「逃げ場がないような」→「楽になる方法がないような気がしている」→「あきらめんといかんな」

フォローアップでは「質問が多すぎた」と筆者に苦言。「（施行の）次の日，このことを思い出し，幼い日のことを思って涙を流した」と報告。その後，希望通り（この希望を上司に筆者からも伝える）転勤して勤務，通学。

事　例　3

ぐしと「気楽体」（宮城，1986）を行う。その後「こころの壺」を行う。入社時に一度面談。

　考察：からだの感じを伴ったイメージ（cf. 視覚イメージ）に導かれて「イメージ体験」（田嶌，1987）をした。からだほぐしと「気楽体」でからだに間ができたため，身体感覚イメージが生じたのかもしれない。後日彼女が「人生観が変わった，大人になったような気がした」と述べた通り，内部で深い変化がそのとき起きていることが筆者は感じとれた。内容を述べなくても，いやむしろ述べなかったことが深い体験へと導いたとも思える事例である。

　事例3：1年前，同社退社・短大退学後，再入社直後の20歳の女性。寮内

の自主サークルで接触の際，他者を批判し，みんなと一緒にされたくないと孤立を望みながら悩んでいた。父親，祖母への反感，不幸な母親について徐々に語るようになるが，内面に触れるのを恐れ避けている様子。ある程度のラポールがついたところで，提案，実施。

考察：クライエントはこれまで不満はあっても表出しないでおくか，表出すれば他者との摩擦を生じていた。しかし，今回は「質問が多すぎた」という苦言をセラピストに述べ，建設的な不満表出（「注文をつける能力」（田嶌，1992））ができた。また他者の話に終始していた彼女が幼い日のことを思い出し涙を流したという報告は，自慢ではないありのままの自分を初めて語ったものであった。それまで避けていた内面に触れていく作業を面接時のみならず，日常の場でも行う契機となったケースである。

● 5　内容叙述不要法としての「こころの壺」

フォーカシングは内容を述べなくても行える方法であるが，「こころの壺」では特にその側面を強調してクライエントに伝えた（「こころの壺」の実際(1)）。クライエントが内容叙述不要法であることを理解すると効果的であった。それはつぎのように考えられる。

1．面接への動機づけが初回に進む

クライエント自身が来談の必要性を感じていなかったり（事例1），上司，先生などにすすめられてしぶしぶ来談する場合が多い。そういう彼らがセラピストに期待することはよくて助言，説得，たいていはお説教である。しかし，内容を述べなくてよいとわかれば，お説教などから解放されたと感じ，続いて彼ら自身の問題を「整理」するためにセラピストがここにいるらしいと理解する。面接に否定的な彼らが少し前向きに面接を捉えるようになり，面接への動機づけが面接の開始に伴って進む。

2．プライバシーが保護され，面接やセラピストに安心感をえる

通常，クライエントはセラピストに問題の内容を話すことにためらいながら

も内容を説明しないと相談を受けることができないと考えているだろう。しかし，面接の初めに内容をセラピストに説明しなくてもいいということがわかれば，クライエントは生活をともにしている他者やたいていは初対面のセラピストに気遣う労力が不要となり，面接そのものに安心感をもち，セラピストに対して警戒が弱まる。そして，心おきなく「自分のため」だけに自分の問題に取り組むことが可能になる。いや初回から取り組まざるを得ないといえよう（事例3）。

3．「外界志向的構え」から「内界志向的構え」（田嶌，1992）に変化

クライエントの関心が症状や問題の歴史的背景，環境的要因といった内容に向けられて（「外界志向的構え」）いても，「こころの壺」は症状や問題の内容の説明や訴えをいったん棚上げして，クライエント，セラピストともに問題を知的に理解するのを退け，クライエントに問題の内包する暗々裡の身体感覚に直接注意を向けさせ（事例3），「内界志向的構え」へ短期に導き，体験過程が促進される。

4．主体的態度の育成

内容叙述不要法の強調は面接時に短期間に適応をもたらすだけではなく，自分の問題を引き受け，自己に触れ，確かめるという主体的に自分の問題に取り組む態度をクライエントに体験させ，学習させることができる。その効果は面接時のみならず面接後も持続すると予測できる（事例2は施行後2年ほど経過した時点で，その体験を「人生観が変わった，大人になったような気がした」と報告しており，その効果は持続している。事例3では，後日自ら不満を建設的に述べられるようになった）。

さらに内容叙述不要法の強調は，つぎの点からも主体的な態度の育成に貢献している。つまり，内容を述べなくてもよいということは，問題をどこまで述べるかを自分で判断することでもあって，自分のプライバシーを自分で守り，他者とどこまでを共有したいのかを自分で決定することでもある（事例1「言えないけれど」）。なにもかも洗いざらい話してしまって後で後悔することのないように，自分の安全を自分で守り，他者とどこで，どのように，どこまで共

有しようとするのかを自分で決定する態度を「こころの壺」で学習し，学習効果は持続すると予測される（事例2は2年後の報告でも，体験の内容については語らなかった）。もちろん学習の進度は個人差があるが，経験を重ねることによって学習は進むと予測できる（蒲生，1996）。

6 フォーカシングの困難さと「こころの壺」

フォーカシングにはさまざまな（フォーカシングの）困難さがある。特にフェルトセンスのつかみにくさ，概念化の困難さが指摘されている（増井，1984；中田・村山，1986；阿世賀，1991；春日・春日，1992）。また，セラピィでの適用にはいくつかの問題点が指摘され（吉良，1983；池見，1983等），特に導入（の問題点）の際のタイミング，自然さが問題である。しかし，この「こころの壺」はこうした困難さ・問題点に工夫がされており，フォーカシングの未経験者にも適用可能である。

1．導　入
こころの整理が目的という導入は，心理相談になじみのない人々に理解が得られやすい。また用紙の提示によって，クライエントは日常の生活空間とは異なったセラピィの場や内容を前もって理解できる。

2．フェルトセンスの形成
(イ)からだの壺にからだの不快感を描くことによって，からだの感じをいったん棚上げし問題の感じに触れることが容易となる。

(ロ)気にかかっていることを絵や模様や色で表現するので，感じることが苦手な人でも問題の質とか感触を自然に味わうことができる。

(ハ)こころの壺に楽しいことなどを描くことや壺分けによって問題との距離がとりやすい。

(ニ)描いたものを見て感じるので，内部でフェルトセンスを感じるよりはつかみどころがあり，拡散することなく持続して感じることができる。

3. 概念化

(イ)筆者はフォーカシングの概念化をつぎの4つの（概念化の）プロセスと考えている。①フェルトセンスをイメージや言語と照合すること，②照合してイメージや言語で表象すること，③ implicit だったものが explicit になりその意味が表出すること，④意味表出し，言語で明確に表現形成することまでのプロセス（蒲生，1997）である。通常のフォーカシングは④までの概念化を求めるのに対して，「こころの壺」では，簡単な絵や模様でフェルトセンスを象徴化し，その感じを味わい，表現するといった①②の概念化を主眼にしている。「こころの壺」において，あえて困難な④までの概念化を求めないが，事例のような効果が得られるのはつぎのように考えられる。

④までの概念化を求めて概念化に失敗するとそのための不全感が生じ，フォーカシングの効果を減じることがあると考えられ（蒲生，1996），「こころの壺」ではその不全感を未然に防いでいるからである。また，④までの概念化を試みることは通常のおきまりの体験様式に戻ってしまうこともあり，それを予防しているからである。さらに，たとえ施行時に④までの概念化はできなくても，問題の感じが体験でき何らかの新たな感じが得られれば，その後生活のなかでその体験の意味が生まれることも多い（事例2と3）（蒲生，1997）からである。

(ロ)初心者のフォーカシングにありがちなイメージが流れてしまうことが少ない。気になることが形にしてあり，それを見て感じるため問題との関連を失うことが少なく，概念化が行いやすい。

さて，こうした概念化の簡便さは逆に通常のフォーカシングと比べてフォーカシングを深めないことになり，得られる効果は弱いかもしれない（蒲生，1996，1997）だろう。また，フェルトセンスも（フェルトセンスの）描画してあるものを見て感じるのであるから，直接感じるフェルトセンスよりはマイルドになるであろう。

しかし，効果が弱いということは逆に大きな失敗もまた少ないといえる。フォーカシングでは時には体験が急激に進み，その意味もわからなく混乱することがまれに起こる。こうした（フォーカシングの）副作用（蒲生，1997）に対処するには，面接者の力量と時間が必要である。ところが，筆者は当時ともに

欠けていたが，それでも対応可能であり，事例のような変化が起こったのである。したがって，クライエントが健康ではあるが一時的な混乱，行き詰まり状態にあって，少しの援助を必要としている際の，十分な援助資源のない環境で，大きな効果は得られないが，副作用の少ない導入の容易な応急処置として「こころの壺」は適用できる1つの方法であるといえる。

今後の課題として，保健室や適応指導教室などの学校場面での適用が考えられる。小学生はゲームとして興味をもつこともあり，導入しやすい。また，言語で表現が十分できない発達段階にある生徒にも利用しやすい。

さらに，田嶌の示唆した治療としての適用も課題である。治療への適用には，セラピストにフォーカシングの能力とクライエントをアセスメントする能力が必要であろう。そうすれば「こころの壺」をクライエントに応じて，こころの応急整理法としてまたは治療にと自在に適用でき，臨床適用の範囲は広がるであろう。

また，集団法としても試みており，その整備・開発や，「壺イメージ法」との比較も課題である。

参考文献

阿世賀浩一郎 1991 身体の感じと状況との関わりを重視するフォーカシングアプローチ序説 東京大学教育学部心理教育相談室紀要, **13**, 69-77.

de Bruijn, E. M. 1993 Focusing in general practice. *The Focusing Folio*, **12**(3), 19-25.

Don, N. S. 1977-78 The trnsformation of conscious experience and its EGG correlates. *Journal of Altered States of Consciousness*, **3**, 147-167.

Ferguson, M. 1982 フォーカシング：変革の時代のための新しい技法 村山正治他訳 フォーカシング 福村出版 pp. 11-16.

蒲生紀子 1996 フォーカシングのもたらす体験の測定 日本人間性心理学会第15回大会発表論文集, 70-71.

蒲生紀子 1997 フォーカシングの臨床適用に関する一考察―概念化の有無をめぐって― 愛知教育大学修士論文

Gendlin, E. T. 1981 *Focusing*. New York: Bantam Books.（村山正治他訳 1982 フォーカシング 福村出版）

Gendlin, E. T. 1993 Three assertion about the body. *The Folio*, **12**(1), 21-34.

池見　陽　1983　フォーカシングの教え方：フォーカシングの応用の基礎的態度と技法についての考察　人間性心理学研究, **1**, 74-85.

春日菜緒美・春日作太郎　1992　セルフヘルプの技法としての「フェルトセンス描画法」—「からだの感じ」の象徴化と体験化　心理臨床学研究, **10**(2), 4-15.

吉良安之　1983　フォーカシングの臨床的適用に関する研究—エッセンスモデルの作成と事例の検討　九州大学心理臨床研究, **2**, 57-66.

増井武士　1984　臨床場面におけるフォーカシングの適用　村山正治他　フォーカシングの理論と実際　福村出版　pp. 98-107.

宮城英男　1986　気楽体　新泉社

中田行重　1995　学生相談における自己治癒力について　心理臨床学研究, **13**(1), 97-102.

中田行重・村山正治　1984　フェルトセンス形成におけるHANDLE-GIVING法　九州大学教育学部紀要（教育心理学部門）, **31**(1), 65-72.

野田悦子　1997　フォーカシングの「間」と企業内ストレスマネージメント　池見陽編著　フォーカシングへの誘い　サイエンス社　pp. 44-55.

田嶌誠一　1987　壺イメージ療法　田嶌誠一編著　壺イメージ療法—その生いたちと事例研究　創元社

田嶌誠一　1992　イメージ体験の心理学　講談社

田嶌誠一・大脇万起子　1993　イメージ療法に関する研究—壺の描画法（「こころの壺」）　研究助成報告集6．財団法人メンタルヘルス岡本記念財団

Weiser, A. C.　1993　*The Focusing Student's Manual*（3rd ed.）Berkeley, CA: Focusing Resources.

横山体真　1989　セルフ・ヘルスカウンセリングに適用したこころの壺の事例—こころの整理の応急的促進　ヘルスカウンセリング研究会資料

横山体真　1993　こころの壺の試行について—ヘルスカウンセリングの応急的促進法　ヘルスカウンセリング研究会資料

　　　　　　　　　　　　　　　　　　　　　　　　　　　　蒲生紀子

第9章

教育フォーカシングの提起とその試行

● 1 はじめに

　近年，心理臨床の分野では，かつてよりも困難な治療ケース（境界例，分裂病など）への対処が求められるようになっている。それにともなってカウンセラーや心理療法家がスーパーヴィジョンや研修を受けることはもちろんのこと，自らが教育分析や教育カウンセリングを受ける欲求と必要性が増大してきている。フォーカシングも，心理治療・援助としての機能と同時に教育・開発としての機能をもつので，フォーカシングを教育分析・教育カウンセリングとして活用する教育フォーカシングあるいは開発（あるいは発達）フォーカシングということが考えられる。

　ここでは，カウンセラーあるいはサイコセラピストの養成・成長という観点から『教育フォーカシング』をどのように行うかを考えてみたい。本稿の目的は，1．教育フォーカシングの手続きの試案を提示すること，2．教育フォーカシングが実際にどのように行われるのか，その試行の一部を逐語記録とフォーカシング体験などをもとにして報告すること，の2点である。

● 2　教育フォーカシングの特徴と実施の手続き

　教育フォーカシングの特徴として，つぎの点が挙げられる。
　①3回のフォーカシングの実施と，1回のカウンセリング的話し合いという4セッションから構成されること。
　②各フォーカシングの実施の逐語記録をフォーカサーが作成して，セルフ・

コメントをつけること。

③フォーカシングの逐語記録をもとにフォーカシング体験を話し合い，それからつぎのフォーカシングを実施すること。

④1回のセッションの時間は，約80分とすること。

などである。

　教育フォーカシングは，具体的にはつぎのような手続きにしたがって実施される。

　ステップ1：1回目のフォーカシングを実施する（録音あるいは録画を伴う）。**（第1セッション）**

　ステップ2：フォーカサーが1回目のフォーカシングの逐語記録を作成し，セルフ・コメントを行う。（セルフ・コメントを文章化し，リポートしてもらうことも考えられる。）

　ステップ3：フォーカサーとリスナーがフォーカシングの逐語記録をもとに1回目のフォーカシング体験をふりかえって話し合う。（この際に，必要に応じてステップ1での録音あるいは録画を併用することも考えられる）その後で，2回目のフォーカシングを実施する（録音あるいは録画をともなう）。**（第2セッション）**

　ステップ4：ステップ5およびステップ6：ステップ2とステップ3と同じ手続きを2回と3回目の，フォーカシングについて繰り返す。**（第3セッション）**

　ステップ7：3回目のフォーカシングの逐語記録をもとに，3回目のフォーカシング体験と3回のフォーカシング体験全体をカウンセリング的に話し合う。**（第4セッション）**

　以上の7つのステップ，4回のセッションで，ひとつのセットあるいはラウンドを構成している。実際には，この1セットあるいはラウンド（7つのステップ，4つのセッション）を繰り返すことができるし，フォーカサーとリスナーの実情に応じて種々のヴァリエーションが考えられる。

● 3　教育フォーカシングの実施例とその検討

　ここで取り上げる教育フォーカシングのフォーカサーは，40歳代の既婚女性である。カウンセリングや親業に関心があり，フォーカシングについてはほとんど知識も経験もない。「教育カウンセリングを受けてみたい」という希望であったが，話し合いの結果，『教育フォーカシング』を実施することになった。

　本稿で報告するのは，『教育フォーカシング』のうち2回目のフォーカシング（ステップ3，第2セッション）と，そのフォーカシング体験をめぐるカウンセリング的話し合い（ステップ5，第3セッション）の部分が中心である。第2セッションと第3セッションの間に，フォーカサーは2回目のフォーカシングの逐語記録を作成し，セルフ・コメントをつけることによってフォーカシング体験を改めて確認し，自己理解を深めることが求められている（ステップ4）。

　ここで実施されたフォーカシングは，"いま，ここ"での"からだの感じ"を探るところからフォーカシングに入る方法（からだの感じ方式）で行われたものである。なお，2回目のフォーカシングの時間は，正味約32分間である。

　以下に，フォーカシングの実際の進行とフォーカサーの体験が浮き彫りになるように，フォーカシングの逐語記録とともにフォーカサーの体験とセルフ・コメントの一端を併せて記述していく。

1．からだの感じを順次さぐる（I 1～F 17）

F：フォーカサー　　I：リスナー（筆者）

I 1：えーっと，じゃまたフォーカシングをやりたいと思いますけれども，時間がネあまりなくて簡単に終わるかもしれないんですけれども…眼はつぶっていただいても（はい）開けておられても結構ですけれど，自分が好きなようにやってください。

　　　じゃまず楽ーな感じで余分な力とか緊張をからだから抜いて，ゆったりとした…自分の姿勢の方もそうですし，気持ちの上でも楽ーな感じで，

そんな状態になってみてください。
Ｆ１：〈沈黙58秒〉…〔眼を閉じて，ゆっくりと呼吸する〕
Ｉ２：十分楽になれたなーと思ったら，なにか合図をしてみてください。
Ｆ２：〔右手をあげる〕
Ｉ３：はい。じゃ今の，からだの感じを少しおききしますので，まず，こうー胸のあたりってのは，今，どんな感じがしてるでしょう。少しこう胸の感じを味わってみてください。
Ｆ３：〈沈黙１分07秒〉…〔静かに内側に集中して感じとろうとしている〕
Ｉ４：もしある感じが感じられたら，それを何かに表現してみてください。
Ｆ４：〈沈黙７秒〉… うーんと，なに，なんていうかこう（ウム）あのー砂丘の感じみたいな…。
Ｉ５：ああ，砂丘の感じみたいな。
Ｆ５：なにか曲線，ゆるやか～な曲線の（ウム）いくつもの曲線っていうか。
Ｉ６：うーんゆるやかな，いくつもの曲線〈沈黙18秒〉… その他にも何か感じられますか。
Ｆ６：〈沈黙10秒〉… なんか透明感みたいなの感じる。
Ｉ７：あーなんか透明感みたいなの感じる。
Ｆ７：ええ（ウム）〈沈黙８秒〉
Ｉ８：じゃあ，ひとまず胸のあたりにはそういう感じがあるってことで…。
Ｆ８：はい。
Ｉ９：じゃあ，お腹のあたりにはどんな感じかなーって味わうようにして感じてみてください。
Ｆ９：〈沈黙54秒〉… なんかすごく大きな空洞みたいなの感じる……。
Ｉ10：はい。すごく大きな空洞みたい……。
Ｉ11：はい。じゃあ今度は背中のあたりはどんな感じかなぁー……背中の感じをこう十分味わってみてください。
Ｆ11：〈沈黙50秒〉… あの，なんか柵があるようです。
Ｉ12：うーむ，なんか柵があるよう，うむ。
Ｆ12：なんかペチャッとした平面の（ウム）なんか柵，柵があるみたい……（ウム）

Ｉ13：ペチャッとした平面の柵があるみたい〈沈黙12秒〉… はい，ひとまず背中にそういう感じがあるっていうことでよろしいでしょうか。
Ｆ13：はい。
Ｉ14：はい。今，頭はどんな感じがしてるかなーって，少しその感じを味わい，さぐるようにしてみてください。
Ｆ14：〈沈黙55秒〉… あのーシャボン玉，大きなシャボン玉がクルクルしているみたいな…。
Ｉ15：うむ，大きなシャボン玉がクルクルしているみたいな。
Ｆ15：ホワーッとしているみたいな，なかが空いているみたいな…。
Ｉ16：なかが空いているような。
Ｆ16：うーん，なんかの膜の球体のような（ウム）なんかほんとはシャボン玉の，大ーきなシャボン玉のフワーッとしたっていう，そんな感じ。
Ｉ17：うーん，大きなシャボン玉がフワーッとしたみたい。
Ｆ17：はい（ハイ）〈沈黙8秒〉

　このＩ1によるフォーカシングへの導入からＦ17の部分は，フォーカシングの基礎的な段階である。心身の適度にリラックスした状態から，からだの主要な部位（胸部，腹部，背中，肩，首，頭部など）の感じを探って表現していくことが，かなり有効な《空間づくり》，つまり身体的解放の体験になると考えられる。胸部から頭部まで順次に探っていくなかで，人によってはからだのポジティブな感じが体験できなかったり，ネガティブな感じばかりが出てくることがある。その際には，例えささやかなものであっても，からだのどこかにポジティブな感じ（心地よい場所）を探し出して，その感じを十分に感じてもらうことにしている。本事例では，例えば胸部（Ｆ4『砂丘感じみたいな』，Ｆ5『ゆるやか〜な曲線の，いくつもの曲線っていうか』，Ｆ6『透明感みたいなの感じる』）などに比較的いい感じが体験されているので，あえてその手続きを行わなかった。
　この段階での体験に関してフォーカサー自身は，第3セッションにおいてつぎのように語っている。

❖ 自然に口に出せてくる……

「私だったら,『どこか気になるところがありますか』と言われてもスッと出てこない……。かえっておおってしまう。自分自身も気づかずにいますから,アッチはこう,コッチはこう,と自分で味わっていて……全部,意識にのぼってきて……,すると,勝手に,残っているところが自分のなかで気になってくるから,それが自然に口に出せます……」

❖ ゆるやかーな時間の流れを

「『どこかありますか』と言われたら,眼のことなんか全然気にならなかったと思います。アレもコレも,全部口にのぼってきて……自分が言ってみて,『本当に,もうないのかなー……』と自分に問いかけて,『アレッこんなとこに……』という感じで……,そういうゆるやかーな時間の流れというのは欲しい。私にとってこの段階にすごく時間をくださるほうが,自分に見えないものが自然に見えてきます」

Gendlinら（1984）が指摘するように,フォーカサーによっては,この《空間づくり》の段階に十分な時間をかけて,ていねいに行うことが必要である。そのことがその後のフォーカシングの進行をスムーズにするばかりでなく,実はその体験自体が援助的体験になると考えられる。

2．気になるからだの感じ—右眼が濡れているような感じ—にフォーカシング（I 18〜I 33）

I 18：まー今,そういうふうにアチコチに,あの,こんな感じがあるのかなーというふうに探っていただいたんですけれどそれと同じようにですネ,なんか自分がつい気になってしまう,この感じとかですネ,注意が向いてしまうような感じが,もし,からだのどこかにあるとすればどこにあるのかなーっていうふうに少し探っていただけますか。

F 18：〈沈黙2分9秒〉…〔静かに内側に集中して探っている〕
　　　なんか右眼ーが……濡れているような感じ。

I 19：うむ,ほー右眼が濡れているような感じ（うーん）うむ,はい。じゃあ,その辺を少しを探ってみましょうか。

F 19：はい。

Ｉ20：はい。ゆったりしたまま右眼の，その感じを少しこう味わうようにしてみてください。
Ｆ20：〈沈黙1分27秒〉
Ｉ21：どうでしょう。今，こんな感じだなーっていうふうに味わえているでしょうか。
Ｆ21：〈沈黙8秒〉… あのー，うーん〔ため息〕（間15秒）なんかあんまり言いたくない感じ……。
Ｉ22：ああ，あんまり言いたくない感じがする。でも，ある感じは何かある。
Ｆ22：はい（ハイ）あの，過去に……うーんなんか……（ウーム）〈沈黙18秒〉
Ｉ23：過去の何かと結びついたものが浮かんできているのでしょうか。
Ｆ23：あの，車の運転するときに（ウム）ひとりぼっちのときにー（ハイ）……たまに同じ状態になるようなことが……あります。
Ｉ24：ああ，車を運転する，しているようなときに。
Ｆ24：はいっ。
Ｉ25：その感じをどうでしょう，何かで，こう短い言葉なんかでですネ，あるいはイメージでもいいんですけど表してみると，どんな言葉や表現がみつかるでしょう……。
Ｆ25：なんかせつないみたいな……〔声がふるえ，せつな気に〕
Ｉ26：あー，せつないみたい（はい）せつないみたい〔つぶやくように〕
Ｆ26：〈沈黙8秒〉… なんか……方法がないような…。
Ｉ27：うむ，方法がないような……〈沈黙23秒〉… その感じに触れ続けて，味わい続けていて…その感じをよく，一番よく表しているようなネ，そんな言葉をもう少し探してみるとどういうふうになるでしょうか……。せつないとか方法がない，ということでも結構ですし，あるいは，もう少しこの感じを表している言葉がみつかるかも知れません。
Ｆ27：〈沈黙25秒〉… なんか寂しいとか……。
Ｉ28：寂しいとか。
Ｆ28：なんか胸がキューンとするとか。
Ｉ29：うふ，胸がキューンとするとか。

F 29：やっぱりせつないが一番いい。
I 30：うーん，ああ，せつないが一番いい（うん）その感じをよく表しているみたい。（うん）せつない……。
F 30：〈沈黙10秒〉…〔鼻のすすり声〕
I 31：じゃあ，いちおうその眼のあたりの感じに向かって，せつない……というふうに言ってみると，その感じっていうのは，こうどんな反応を示してくれるでしょう。つぶやいてみるというかネ，この感じはせつないんだねっていうふうに言ってみると，どうでしょう。
F 31：〈沈黙1分6秒〉…〔鼻のすすり声〕〔右眼をぬぐう〕なんか思わず仕方がないって感じ……〔苦笑しながら〕
I 32：思わず仕方がないって……〈沈黙11秒〉…仕方がないっていうのは，その感じが仕方がないって言っているみたいない，それともFさんがその感じに対して仕方がないっていう感じをもっておられるんでしょうかネ。
F 32：う〜ん，せつないネーって，こう言ってると（ウム）どっかからか仕方がないネー。仕方がないネーっていうのが何度も何度も聞こえるみたいな，（ウム）こみ上げてくるみたいな……〔優しく，せつな気に〕
I 33：うむ，ああ，仕方がないネーって……こみあげてくるような……。
F 33：……〈沈黙41秒〉

　この段階は，《フェルトセンス》から《受け止め》までが行われたと考えられる。
　I 18によって"気になるからだの感じ"を，2分以上の時間をかけてじっくり探っていると，『右眼が濡れているような感じ』（F 18）が浮かんできた。フェルトセンスを醸成することを求めるインストラクション（I 20）によって，《フェルトセンスの醸成》と《ハンドルづけ》が行われた。すなわち『なんか，あんまり言いたくない感じ』（F 21），『車の運転するときに，……ひとりぼっちのときに，たまに同じ状態になるようなことがあります』（F 23）というものであった。前者を「感じのハンドル」とすれば，後者は「体験のハンドル」といえる。

《共鳴》（I 25 と I 27）を求めると，『なんか，せつないみたいな……』（F 25），『なんか，方法がないような……』（F 26），『なんか，寂しいとか……』（F 27），『なんか，胸がキューンとするとか……』（F 28）と，確認していき，そして適正な表現として『やっぱり，せつないが一番いい』（F 29）となったのである。

　I 31 の《問いかけ》によって，F 31 において『すすり声，右眼をぬぐう』行為が現れ，『なんか，思わず仕方がないって感じ〔苦笑しながら〕』と表現された。I 32 も一種の限定的な《問いかけ》である。すると『どっかからか仕方がないネー，仕方がないネーっていうのが何度も何度も聞こえるみたいな，こみ上げてくるみたいな…』（F 32）となった。この表現の仕方は，いかにも，優しく，せつな気に言いきかせるような調子でたいへん印象的であった。F 33 の「沈黙 41 秒」のあたりで，フォーカサーによってじっくりと《受け止め》がなされているようであった。一応，ここまでのところがラウンド 1 とみなせると思われる。

　この段階での体験について，フォーカサーは第 3 セッションにおいてつぎのように語っている。

❖ **あんまり，言いたくない感じ……**

　「『あんまり，言いたくない感じ……』っていうのは，男の人に対する腹立ち，不満足感を感じても言いたくないっていうこと。このときは，人との別離がフッて頭をよぎったんですネ。ある大切な人とわかれたときの，すごく辛かった感じが，スーッとよぎった……。『言いたくない』というのは，実はその人に言いたいことだったんです。気持ちをぶつけたかったけど，そのことは自分のなかで処理ができている，処理させようとしていたので言いたくなかった，流してしまいたかったというか……。そういう場面場面で，私は虚しさみたいなものをすごく感じたことがあるんですネ。それは，自分にとって大事な人，関係の濃い人に対してそうなんです……」

❖ **感じ―せつなさ―だけをそのまま受けとってもらう**

　「『言いたくない』という思いが，すごくしていたわけですネ。『言いたくない！』 けど，なにか『せつなさ』みたいなのは，あふれ出てくるわけですネ，自分のからだに……。そういうのを表現することで，すごく楽になりますネ。

何がどうだったか具体的に言えば言うほど，そのときの気持ちを自分でコントロールして伝えて，ほんとうのそのときの気持ちとずいぶん離れたものに変化してしまいますが……。でも，根底でやっぱりそのときの生々しい感じっていうのは，やっぱりうごめいています。吐き出してしまいたいのは，この根底でうごめいている生々しい感じなんですネ。何がどうだったか具体的に言わなくても，感じだけをそのまま受けとってもらえるということは，言いたくない課題かかえているようなときは，すごく楽ですねェ」〔フォーカシングの利点〕

❖安心がいつもベースにある

「他の人には，何がどうなったのかサッパリわからないけど，私のなかではひとつの流れがすごくあって，順次処理できていけるすごく楽な方法だな。ことばにのぼらせたくないものは，のぼらせなくてもそれで済ませていける。そういうところにすごく安心っていうのが，いつもベースにあるみたいですネ」

内容を具体的に話したくないときは，話さない形で内的な作業の流れを進めていけるフォーカシングの利点が語られている。そういう安心感，安全感がフォーカサーに十分に保障されていることが必要である。と同時に，フォーカサーが表現し，伝えてくれる「感じ」をリスナーが，しっかりとそのまま正確に受けとることが重要である。

フォーカサーのセルフ・コメントから
❖F 20 での体験について

「『いまの感じ』がだんだんふくらんでくると，過去に経験した同じような感じが思い出され，それに連なって体験した事柄が思い出されてきてあまりいい気分でなくなってきました」

❖I 22 の『でも，ある感じは何かある』について

「私自身にとってこのことばがとても心地よかったです。自分自身で，まだ何かがつかみきれていなかったときに，『何かあるんだなぁ』とだけ感じていたから，このことばで『すごくわかってくれる』と思ったし，モヤモヤするものをみつめていくのにひとりでない心強さと安心を得ました」

❖I 25 のインストラクションについて

「このインストラクションによって，あまりいい気分でないことに対して素

直に向き合える気がしたし，感じたままをことばで伝えやすくなりました」

3．『仕方がないネーっていう感じ』を，さらに探る（Ⅰ34〜Ⅰ41）

Ⅰ34：仕方がないネーっていう感じについてどうでしょう（うーん）今，Fさんご自身はどんなことをまーからだで感じるっていうかな，どんな感じ……。

F34：あのー，今やっとーすごく感じるんですけど（ウム）あのー，お尻の（ウム）あのー片方の左側のお尻で（ウム）ものすごーく支えているみたいな感じがして。

Ⅰ35：ほー，左側のお尻ですごく支えている。

F35：うーん，今のこう自分の形を（ウム）すごく支えているみたいな（ウム）〈沈黙13秒〉

Ⅰ36：その支えている感じと，どうでしょう，仕方がないネーっていうのは何かこうつながりがありそうな感じがあるでしょうか。

F36：うーん…うーん，うーん，ものすごく，うーん，一体化しているみたいな……（ウーム）感じがありますネっ（ウム）〈沈黙20秒〉

Ⅰ37：じゃあ，その感じを少しまた味わってみてください。支えてる，なんか一体化しているような，その感じ……。

F37：〈沈黙1分24秒〉…〔呼吸が次第に大きく，速くなる〕

Ⅰ38：今は，どんな感じでしょう。

F38：なんか，うーん，両手で，ものすごく緊張して……なんか……。〔膝の上で軽く握っていた両手に力が入る〕

Ⅰ39：ああ，両手で，緊張して……きてる。

F39：はい〈沈黙7秒〉…　なんか，こうなんか守ってるって感じ……うーん……なんか……。
〔笑いながら〕

Ⅰ40：うーん，ああ，なんか守ってるって感じ（うん）うーむ〈沈黙10秒〉…　なんか守っていたい，まだ今は守っていたいみたいな。

F40：なんかはずすと崩れちゃうような〔苦笑〕うーん。

Ⅰ41：うーん，ああーそうですか。はい，じゃあねェ，しっかりネ握ってい

る方がいいみたいですね……──略──

F 33「沈黙 41 秒」の後の I 34 は，ラウンド 2 に入ってからの《問いかけ》のインストラクションである。『仕方がないネーっていう感じ』についての，からだの感じそのものをフォーカサーに探ってもらったところ，『…お尻の，あの一片方の左側のお尻で，ものすごく支えているみたいな感じ』（F 34）が，生き生きと出現してきた。それは，『……今の……自分の形を支えているみたいな……』（F 35）というものである。

I 36 によって，『支えている感じ』と『仕方がないネー』とを《響かせ合う》ことを求めると，『……ものすごく，うーん，一体化しているみたいな感じがありますネ』（F 36）。そこで I 37 では，その『一体化しているみたいな感じ』を味わって《受けとめ》てもらおうとしたが，フォーカサーは徐々に呼吸が大きくなってきたのである（F 37）。そして，それまで膝の上で軽く握られていた手に，グッと力が入ってきて，『なんか，うーん，両手で，すごく緊張して，なんか……』（F 38），『……なんか，こう，なんか守っているって感じ……しっかり……〔笑いながら〕』（F 39），『なんか，はずすと崩れちゃうような……〔苦笑〕』（F 40）と，からだの感じの表現・象徴が変わってきた。F 38 では，柔らか味が抜けた，硬質の音調に一変してしまっていた。

フォーカサーにとって大事なプロセスが，またひとつ押し寄せてきたように感じられたが，それを扱うことはまとまった作業になると思われた。このセッションではフォーカシングのための時間が残り少なく，とりあえずここまでで止めてあまり無理をしないほうが良いようにリスナーには感じられたのである。

フォーカサーは，つぎのようにこのときの体験を語っている。

❖ **からだの左側ということ—左半身と右半身の縦の分裂（スプリッティング）—**

「異物的に感じる，違和的に感じるのは，からだの左側に多いのはなんでかなー。冬物のズボンとか毛の多いズボンとかをはいていると，左側の方がよくすれるんですネ」〔1 回目のフォーカシングのときにも，左手と左肩につまり左半身の側に不快な感じが現れていた〕

❖ **『仕方がないねー』＝『支えてる感じ』**

「『からだが崩れそうになる』というのは，すごく葛藤しているみたい。自

分のからだが硬直しているというか，なんかですごく一生懸命，頑張っているという感じが……。『仕方がないの』と自分に言いきかせている緊張感と，自分がからだを支えて一生懸命，頑張っているのが，まるで一体となっている……。『仕方がないねー』と『支えてる感じ』とがひとつになっている」

❖ **言っちゃうと自分が崩れちゃう**

「男の人との間で感じる緊張感を言っちゃうと，相手にぶっつけちゃうと，自分が崩れちゃうみたいで，自分をけなしたくないというか。そこんとこで，なんか抵抗しているみたいな感じがします」

4．いい感じを探して，味わう（Ｉ41～Ｉ45）

Ｉ41：うーん，ああーそうですか。はい。じゃあねェ，しっかりネ握っている方がいいみたいですかね……。
　　　えっとネ，じゃネちょっとあれなんですけど，ちょっとまたからだの感じで，うーんとどうでしょう，自分のからだで，ああここはなんか，なんかホッとできる感じがあるなとかネ，そんな感じを少しこう捜すとすると，どこか見つかるでしょうか。いい感じのところっていう……。

Ｆ41：〈沈黙19秒〉… うーん，きっと口元（ウム）はリラックスしている。

Ｉ42：ああそうですか。はい，じゃあその口元のリラックスした感じをどうでしょう，少しこう味わうっていうかネ，その感じをからだの他のところにもこう行き渡らせるっていうかサ，そんな感じを…してみると，どうでしょうか。

Ｆ42：〈沈黙48秒〉…〔からだの緊張が次第に抜けていく〕

Ｉ43：うむ，今は，どうでしょう，どんな感じでしょう。

Ｆ43：なんか，笑いながらしょうがないんだよナ，しょうがないんだよナって言っているみたいな感じ（ウム）で，すごく落ち着いている感じ（ウム）〔笑いながら，受け止めているように〕

Ｉ44：ああ，そう，なるほど，はい。と，一応時間の方がまいってますのでどうでしょう。ここで打ち切ってよろしいでしょうか。

Ｆ44：はい。

Ｉ45：はい〈沈黙16秒〉… ——略——

この部分は，からだに，いい感じ，ポジティブな感じ（心地よい場所）を探して，その感じを十分に味わってもらう段階である。筆者はフォーカシングの切り上げの段階で入れることがフォーカサーによってはわりと多い。いい感じを十分に体験してもらって終わることにしているのである。
　この段階での体験について，フォーカサーはつぎのように語っている。

❖不満感と安堵感
　「意外っていうのか，自分の緊張がズッと続いていたところにパッと違う異種のものが入ってきたみたいな感じで……とまどいみたいなのが……。そのとき，瞬間は，なんか肩すかしをくったような感じだけど。肩すかしをくらった不満感といっしょに，なんか逃げ出せたみたいな，なんか複雑な感じで…。
　この時，不満感はあったんですけど，だけど終わってから帰りの電車で，つくづく思ったんですが，もし，あのまま終わっていたら，すごーくしんどかったなー…どこかリラックスしている部分を探し出せて，それに浸ることで終われたことは，その後の私というのが楽になりましたネ」
　"とまどい"とか"肩すかし"を感じたことが報告されているところを考えると，Ⅰ41で，「もう少しステップを進めるか，ここでひとまず止めておくか，どうしたいか」をフォーカサー本人の感じに選択してもらう手続きを入れるのもひとつの方法であったと考えられる。

❖口が緊張をほぐす仲立ちをする─話す・離す・放す─
　「気持ちはすごく緊張してるし，それでことばに出せないというか，すごく緊迫したものというか。いわゆる緊張に属するものがすごくあるんですけど…，それをⅠ（リスナー）の問いかけで，お伝えすることが緊張をほぐす仲立ちをするみたいな…そんな思いで，口元がリラックスしているような気がしたんです。で，口から出してしまうことで，落ち着いていけるというか。黙ってためているというか，感じに浸っているときよりもことばで伝えてしまった方が楽です。話しているときっていうのは，味わっているときよりもすごく楽になれる，逃げ出せるっていうか。要するに，楽になれます」〔はなすことの多様性〕

5．ふりかえり（Ⅰ45〜F48）

Ⅰ45：はい〈沈黙16秒〉… 今もしあれでしたら，簡単にでも感想を……言っ

ていただくと……どうしましょう，あまり．

F 45：なんか一挙一動が，こうやっぱり……あの肉体的感覚っていうのはこう過去の体験の，こう連続なんだなーっていうのがすごくよく，うーんわかりました．〔つくづく実感としてわかったように〕

I 46：そうですかァ〈沈黙13秒〉…最後の方はちょっとネ指を握られていて，ちょっとつらい感じがありましたか．

F 46：うーん，そうですネ，なんかしらあれはつらかったですネ．うーん．

I 47：うむ，なんか私も握られたなーって……なんか左のお尻となんかなんでしたっけ眼のあたりの感覚とネ（うーん）一体化しているってことを味わっておられるうちに，なんかこうそんな感じになってきて……．

F 47：そーですネ．うーん，なんか……なんか崩れそうな感じになって〔笑〕ああーダメだっていう（ウム）なんか，うーん，一生懸命（ウム）支えなくちゃって感じが出てきました．

I 48：崩れそうな感じ……〈沈黙14秒〉…じゃぁ，一応（はい）まだあるかも知れませんけど，また次回にでも．

F 48：はい，有難うございました．

この部分は，フォーカシング体験のふりかえりの段階である．
　フォーカシング直後のふりかえり（2回目のフォーカシング）と，次回のふりかえり（3回目のセッション）について，フォーカサーはつぎのように語っている．

❖**肉体的感覚，過去の体験の連続**

　「これはどういうことかというと，緊張感を味わっているときにですネ．フッフッフッと短編の緊張の場合というのが，ザーッと流れたんですネ．それは，おじいさん（義父）に対するあるときの緊張感，主人に対するあるときの緊張感，それから違う場面である男の人に接するときの緊張感とか，ある種の似てるような場面，場面がよぎっていますねェ……．そのときの共通な緊張の思いという……なんか仕草やなんかが緊張しているような……」

❖**感じは共通していて，具体的な場面が違っている—"交差"ということ—**

　「『そういう感じを少し味わってみてください』と，ときどきおっしゃいま

すネ。で，こういう感情に浸っていると，過去のいろんな場面場面が，フワーフワーフワーと出てくるんですネ。ひとつの継続の話じゃなくて，そういう同じような，例えばカイロであったかい感じがしたら，そのあったかさというのが，こんな場面のあったかさ，あんな場面のあったかさ，というふうに断片的にワーッと押し寄せてくるんですネ。そういうことを過去の体験の連続っていう表現をしたんですけど』」

　現在の感じの質が共通していて，場面が異なる過去の体験が響き合って押し寄せるように想起されている。「あらゆる瞬間は，つねに多くの互いに『交差』し合う過去の経験を内包しており，その結果，現在についての適切な知覚が形成されている。」(Gendlin,1986) と考えられるのである。

6．フォーカシング体験での気づきと，フォーカシング体験からの気づき

　「フォーカシングの直後というのは，自分の感情の発見に自分が酔っているときなんですネ。こないだ（2回目のフォーカシングのとき）なんか，特にそうでした。『せつない』ってことばに出せるほど，こんなの思っちゃいけないみたいな…。なんか，『いけない』っていうのがすごく効いているんですネ。だから，それが『こんなの言ってたー！』というので，私の方がとまどいがちなんですネ。だから家へ帰って，逐語におこして，こうして，また，ふりかえりという形にすると，改めておさまったり…，そこでI（リスナー）が言って下さったことが，私にとってすごくヒントになるんです…。

　今，お話ししたことで，かつて言えなかったことが言えました。そういう解放感みたいなのがあります。今回は，私にとって一番得るものがあるセッションでした」

　フォーカサーがフォーカシング体験を自分のなかに，しっくりとおさめていくことと，フォーカシング体験から新しい気づきに展開していくのに逐語記録をつくり，1人で，および2人でふりかえりをするプロセスは重要であると考えられる。この第3セッションの話し合いでは，フォーカシング体験から新しく出てきた材料から気づいたことを確認したり，さらにそれを契機に自己探究が進められていっている。

フォーカサーのセルフ・コメントから

私にとってフォーカシングとは

「私にとってフォーカシングは，幾重にも包み隠された，私自身も知らなかった貴重品を包みをほどかないままで取り出し，確認できたような…。その貴重品が私自身にしかわからないままでおれる安堵感を伴って，自分自身の気持ちが解放できやすいものであると感じられました」

教育フォーカシングを終えて

「4回の教育フォーカシングを終えて，私自身，何やら引っかかるものがなくなり，今では少しあのときの感じから（別のところに）動いてきているように思います」

4 おわりに

本稿では，7つのステップ，4つのセッションを1組，1ラウンドとする『教育フォーカシング』を提起し，その方式による適用例を報告して『教育フォーカシング』の実際とフォーカシング体験の一端を浮きぼりにした。『教育フォーカシング』は，この適用例のフォーカサーにとってかなり意義深い自己探究の体験をもたらした。今回の『教育フォーカシング』は，いわば自己探究の短編ドラマ（小説）といえるものであり，いずれは自己探究の本格的な長編・大河ドラマ（小説）の出現が期待されるところである。

参考文献

Gendlin, E. T. 1986 *Let your body interpret your dreams*. Wilmette, IL : Chiron Publications.（村山正治訳 1988 夢とフォーカシング 福村出版）

Gendlin, E. T. with Grindler, D. & McGuire, M. 1984 Imagery, body, and space in focusing. In A.A. Sheikh (Ed.), *Imagination and healing*. Baywood Publishing Company. pp. 259-286.

伊藤義美・村山正治・池見 陽・田村隆一・白岩紘子・阿世賀浩一郎・木村 易 1990 わが国におけるフォーカシングの現状と発展 日本心理学会第54回大会発表論文集，37.

伊藤義美・臼井克子

第3部

フォーカシングと学校教育

第10章

ビクス（BCS）法フォーカシング：
小学生への適用

1　はじめに

　小学校でのフォーカシングの実践的適用について紹介する。そこで用いられた方法はボディワーク，フォーカシングの空間づくり，シェアリングからなるビクス（BCS）法フォーカシングである。ここでの空間づくりは，「からだの感じ」方式と「気がかり」方式を組み合わせて実施される。小学生に対して行ったBCS法フォーカシングの教育実践が児童にとってどのような体験であったかを，児童のふりかえりの自由記述をもとに検討することにする。

2　ビクス法フォーカシングとその実施

1．フォーカサー
　公立の小学校の4年生（9〜10歳）で，普通学級の1クラス34名（男児16名，女児18名）である。

2．ガイド
　このクラスの担任教師（女性，30歳代前半）である。この教師は，カウンセリングやエンカウンター・グループを約10年，フォーカシング（主にフォーカサー体験）を約3年の間，学習して経験を積んできている。

3．フォーカシングの実施の時間と期間
　実施の時間は正規の「道徳」の授業時間（1時間目）で，約45分間である。

児童には『からだのことを知ろう』ということで導入された。実施の期間は3年生と4年生の2年間である。実施の頻度は、月に1～2回の割合である。担任教師は3年生と4年生を持ち上がりで、同じクラスを担当した。したがって同じガイドが、同じ児童に一貫してフォーカシングを約2年間の間、実施したことになる。

4．フォーカシングの実施方法

BCS法による。つまり全体は、簡単なボディワーク（Body work）、フォーカシングの空間づくり（Clearing a space）、シェアリング（Sharing）から成っている。BCS法はそれぞれの頭文字をとって命名してある。このうちフォーカシングの空間づくりは、簡単な「空間づくり」用紙（B5大）を用いて、「気がかり」方式と「からだの感じ」方式を組み合わせて実施するのが特徴である。まず「からだの感じ」方式（表面）を実施し、つぎに「気がかり」方式（裏面）を実施する。集団場面で行うが、個々人のペースはできるだけ尊重されている個別実施法である。いわば集合的個別実施法といえよう。

5．BCS法フォーカシングの実施の手順

具体的には、つぎのような手順でBCS法が実施されることになる。

(1)物理的な空間づくり：　1人ひとりが机を離して自分の適当な物理的空間（距離）を確保する。

(2)からだほぐし：　立ち上がって、からだの各部分を伸ばしたり曲げたりひねったり、あるいは揺すったりして、ストレッチングなどでからだをほぐす。好きな場所へ移動してやってもいいし、ペアでやってもよい。とにかく好きなように動かしてからだの緊張やかたさをゆるめる。

(3)内面に注意を向ける：　各自の席に座って眼を閉じて、しばらくの間静かに自分の内側に注意を向ける。時間として約1分間である。

(4)からだの感じを順次感じる：　胸、お腹、背中、頭などのからだの感じがどんな感じかを順番に探る。そしてそれぞれの感じを用紙に記入する。

(5)からだのなかのいい感じを探して、よく感じ、よく味わう：　からだのどこかにあるいい感じを探して、十分に感じ、味わって、できればその感じをか

らだの他の部分にも拡げてみる。からだの端のほうまで，奥のほうまで，からだのすみずみまでしみわたらせてみる。

(6)やってみての感想を書く： やってみてどんな感じがしたか，どんなふうであったか，どんな体験であったかを用紙に記入する。

(7)内面に注意を向けて，気がかりなことを探る： しばらくの間，静かに自分の内側に注意を向ける。いま，自分のなかでどんなことが気になっているかを探り，浮かぶものがあれば浮かばせる。

(8)気がかりなことを自由に表現し，なにかの容器におさめる： 気になることや心配なことをひとつ（あるいは複数），絵や字などで自由に表現し，"好きな箱"などのなにかの容器に納める。"これでいいな，気がすんだ，しっくりしたな"と自分のなかで思えるところまでやる。

(9)やってみての感想を書く： やってみてどんな感じがしたか，どんなふうであったか，どんな体験であったかを用紙に記入する。

(10)ガイドとフォーカシング体験のシェアリングを個別に行う： 1人ずつガイド（担任）に用紙を見せて，ときには説明や感想を述べて，ガイドから簡単なフィードバックやコメント（主に声かけ，問いかけ）をもらい，それに対して応える。児童全員がガイドとこのようなフォーカシング体験のシェアリング（共有化）の交流体験をもつ。

(11)フォーカシング体験のふりかえりとシェアリングをクラス全体で行う： クラス全体でフォーカシング体験のふりかえりや感想を述べたい者は述べたり，反応したりして，体験のシェアリングをクラス全体で行う。

時間配分としては，(1)と(2)のボディワークが約5分，(3)から(9)までの空間づくりが約20～25分，そして(10)と(11)のシェアリングが約15分である。このうち空間づくりは，さらに(3)から(6)までの「からだの感じ」方式の実施が約10分，(7)から(9)までの「気がかり」方式の実施が約10～15分である。また，シェアリングは(10)の個別のシェアリングが約10分，(11)のクラス全体でのシェアリングが約5分である。

児童たちは，(1)から(9)までは，だいたいが無言のなかで静かにワークすることになる。担任教師はガイディングをする一方，自分自身も児童とともに空間づくりを行うこととする。集団場面で行うが，個々人のペースはできるだけ尊

氏名　　　　　　　　年　月　日
　　　　　　　　　　（男・⑨）　10歳

① いま、からだに、どんなかんじがしているでしょうか。
② そのかんじについて、どんなことが浮かんでくるでしょうか。

胸のあたりは、
　どんなかんじがしているでしょう。
① どきどきしている。ふへんなこともあったり、いろんなことがまぎり合ったみたいなかんじ。楽しいことがありそうと思う感じ。
② 同じように、楽しかったことや、いやだったものがうかぶ。

背中のあたりは、
　どんなかんじがしているでしょう。
① しんぞうが「どくっ、どく」とうごくにつれて体もうごかされるかんじ。
② ゆうえんちのメリーゴーランドにのっているみたい。

　　のあたりは、
　どんなかんじがしているでしょう。

お腹のあたりは、
　どんなかんじがしているでしょう。
① お腹のそこの方が少しいたい。上の方はいろんな物がふわふわうかんで、いいかんじがしている。
② お腹の中も「もうすぐ夏休みだー」っとゆられている様子がうかぶ。

頭のあたりは、
　どんなかんじがしているでしょう。
① ころころ動く感じ。だれかにおされると、すぐころころ転がってしまいそう。
② さいころのようにはいかないけれど、そういうかんじ。

　　のあたりは、
　どんなかんじがしているでしょう。

③ やってみて、どんな感じがしたでしょうか。

かたから指先までの間。お腹とかが動いても手はあまりおされたりしないから「らくだな」とかんじた。

自分の気持ちで物にかえられて、すごいとかんじた。今日は、物の様子になれたかんじで、とてもよかった。

図 10-1　空間づくりの体験記録用紙（からだの感じ方式による）の実例

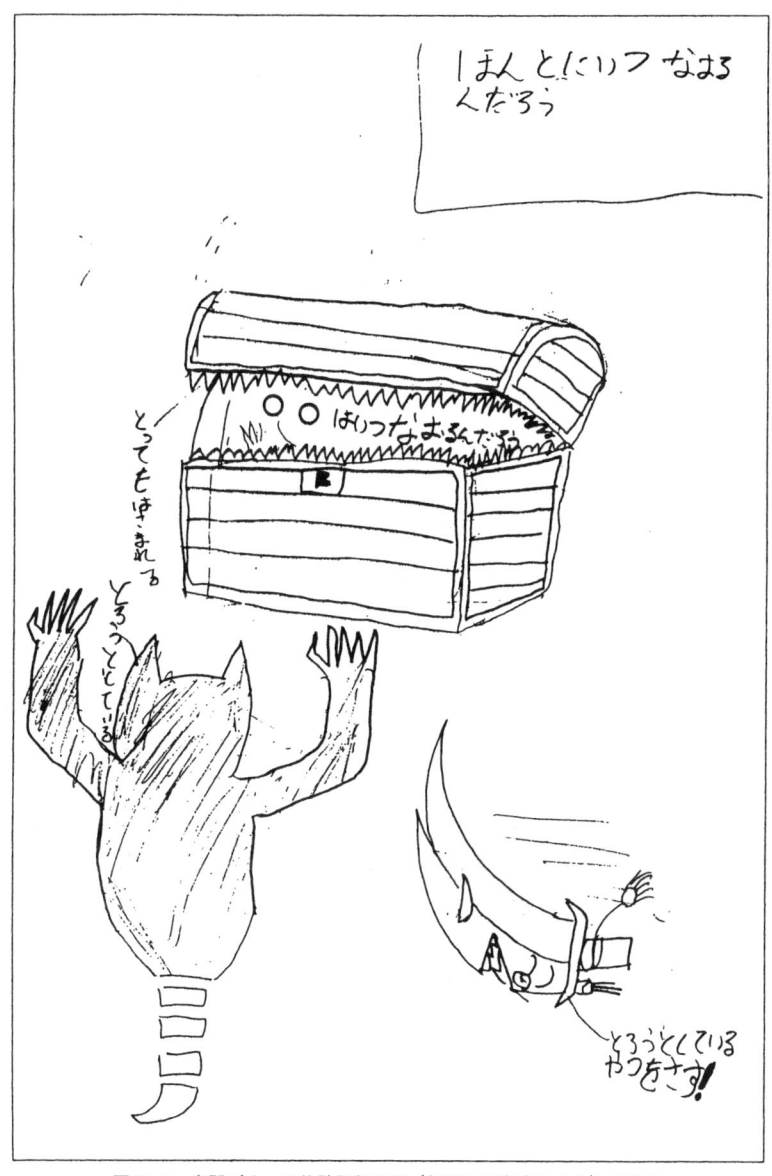

2　ビクス法フォーカシングとその実施　129

図10-2　空間づくりの体験記録用紙（気がかり方式による）の実例

重されている個別実施法である。いわば集合的個別実施法といえよう。フォーカサーは，そのときの自分自身の気持ちにしたがい，やりたくなければ，途中でやめてもいいし，部分的にやってもいいし，まったくやらなくてもいいことが保障されている。

6．実践結果の資料の収集

各学年の最後の実施のときに，フォーカシング（空間づくり）をそれぞれ約1年間，および約2年間やってきたことについての感想や感じていることを自由に記述させた。またフォロー・アップ調査として，数人の児童に5年生の6～7月になってから自由記述のふりかえりの体験報告を求めた。

3　ビクス法フォーカシングの体験の検討

1．『空間づくり』体験の分析—1年目と2年目の体験報告の分析から—

表10-1は，1年目の終わりに『空間づくり』のふりかえりの体験報告を提出した29名（男児12名，女児17名）についての体験報告の分析を示している。内容的にはほぼすべてがポジティブに評価されている。空間づくり体験は，心身の快適感（26.5％），自己理解（25.0％），方法の有効性（18.8％），感じの感得（12.5％）などに分かれている。空間づくり体験をもう少し詳しくみると，心身の快適感では「おもしろい・楽しい」(10名)，「スッキリする・スーッとする」(4名)，「気持ちいい・楽になる」(3名) である。自己理解で

表10-1　1年目の『ビクス法フォーカシング』の体験の分析（％）

ビクス法の体験効果	男児	女児	合　計
心身の快適感	8	9	17(26.5％)
自己理解	4	12	16(25.0％)
方法の有効性	5	7	12(18.8％)
感じの感得	3	5	8(12.5％)
実施への示唆・注文	2	2	4(6.3％)
そ の 他	3	4	7(10.9％)
合　　　計	25	39	64(100.0％)

（延べ人数）

は,「からだへの肯定的な理解や態度」(6名),「からだや自分のことがよくわかる」(5名)などである。方法の有効性では,「役にたった・便利」(4名)などである。感じの感得では,「感じるようになった」(5名)である。この他に,実施のやり方への示唆や注文が4名みられている。それらは,「からだがどのように変わるか絵や図であらわす」,「(からだの)どこが好きかをかいて,くらべる」,「もっと具体的にかきたい」,「もっと静かなところでやりたい」である。

表10-2は,31名(男児14名,女児17名,3名は欠席)の児童が『空間づくり』を約2年間実施して,どのような体験や感想をもったかを示している。これは自由記述の内容を分析したものである。内容的には,ほぼすべてにポジティブな評価が与えられている。空間づくり体験の出現頻度には,男児,女児,全体のいずれにも違いが認められなかった。空間づくり体験の主なものをものをあげると,自己理解(28.0%)では「からだや自分のことがよくわかった」(9名),「からだへの肯定的な理解や態度」(6名)などである。方法の有効性(26.7%)では,「役にたった・便利」(4名),「悩みや嫌なことが消える」(3名)などである。心身の快適感(20.0%)では,「おもしろい・楽しい」(5名),「スッキリする・スーッとする」(4名)などである。感じの感得(12.0%)では,「感じがわかる・感じに気づく」(5名)などである。2年目には,実施のやり方への示唆や注文はみられていない。

1年目と2年目の体験報告を比較すると,心身の快適感や感じの感得は1年目でも体験されているが,自己理解や方法の有効性については空間づくり体験

表10-2 2年目の『ビクス法フォーカシング』の体験の分析(%)

ビクス法の体験効果	男児	女児	合計
心身の快適感	6	9	15(20.0%)
自己理解	8	13	21(28.0%)
方法の有効性	8	12	20(26.7%)
感じの感得	5	4	9(12.0%)
その他	3	7	10(13.3%)
合計	30	45	75(100.0%)

(延べ人数)

を積んだ2年目においてより多く報告されている。このように自己理解や方法の有効性が体験的にわかるには、体験の積み上げとその体験が意味をもつまでの時間が必要なのだろう。

1年目の体験報告も2年目の体験報告も、特に実施の初期にやり方ややることがよくわからなかったり、一時的にやることに疑問をもったり、ときには嫌だなと思った者がいたことも率直に明らかにされているが、そうした者も全体的にはポジティブに受けとめられている。

2．フォロー・アップ調査による空間づくり体験の分析

（ここでは4名の児童のフォロー・アップによる体験報告を載せておく）

―男児　A君―

「ぼくは、体のかんじをしらべるときに、さいしょのころは、「なぜこんなことをするのだろう」とぎもんに思ったりしていたけど、まい回やっているうちにそんなぎもんもほとんどなくなっていた。それにそのアンケートをする時間がたのしくなってきた。4年からやってきたけど、このアンケートのうらに『なやみごと』をかいたときに、箱をかいてしまっておくときにも、かいたことがもうほとんどたっせいできていて、あれがきいたのかもしれないと、ときたま思っている。それに箱をかくときにもおもしろかったし、箱に入れたときにすっきりした。

おもて（からだの感じ方式）では、じぶんの体のかんじがよくわかってとてもよかった。それにいたいところにも、きもちいいところからかんじを送るのもうまくなったし、体全体がきもちよくできるようになったのでとてもあのアンケートがよかった。でもいやだった所は、めんどうくさくなったり、てきとうにかきたくなってしまって、あまりしんけんにとりくまないときがあった。ぎもんがなくなったのは、やっぱりなれてきてたのしくなってきたから、いまはほとんどそんなことをかんじない。」

①やり方に馴れて、楽しくなるまでにはある程度の時間がかかること、②箱を描くのがおもしろく、箱に入れたときにすっきりしたこと、③からだの感じがよくわかったこと、④からだのいい感じをうまく役立てることができるようになったこと、⑤一時的に真剣に取り組まないことがあったこと、などが報告

されている。また，実施の頻度はどれくらいが適切であるかという問題も提起されている。

―男児　B君―

「自分で，体の感じのアンケートをして思ったことは，ふだんなにげなくいたけど，静かにしてみると，色々なことを感じたりした。それに，こまっていることやふしぎなことを，絵にかいたりすると，ふしぎに，少し気分がよくなったような気がして，元気になった。

アンケートをつづけて，学年も4年になったとき，ずいぶんなやみがふえたけれど，アンケートの『なやみごと』にかくと，すうっとした感じがした。いたみがあったり，少し気分がわるかったりしたときに，静かにしたり，動かしたりしてみたりすると，いたみやはき気がおさまったりして，ふしぎな感じがした。

まい回やっていて，同じような事がつづいて，同じような文章になりがちだったけど，ふしぎな事が多かった。アンケートは，やってよかったなぁと思った。」

①いろいろなことを感じたこと，②困ったことや悩みなどを絵に描くと，元気になったり，すうっとした感じになったこと，③痛みや気分の悪さがおさまったこと，④不思議な事が多かったこと，が報告されている。

―女児　Cさん―

「3，4年生のときは，体の感じなどをしていて，ちょっと私は長い間していてまたかなとも思ったりしたけど，このことをするようになってからか体のこと以外にもちょっとだけ他のことからも感じられるようになったような気がします。勉強で，こういうことをどう思いますかや，どう感じますかなどいわれて，よくかんじられるようになりました。

それに，うらになやみごとというか，気になることをかいたりしたりして気持ちがすっきりして，とても心がすっきりしました。

最近はやらないせいか，あまり感じないようになってきています。私は感じたりするのはにがてで，ああ，またこれかと思うときもあれば，気になること

を書いたら気持ちがすっきりするからいいなと思ったりもしました。ずーっとやっていないから体の感じどころか，他のことも感じないようになりました。」

①からだ以外のこともよく感じられるようになったこと，②気になることをかいて心がすっきりしたこと，③やらないと，からだや他のことが感じないようになること，などが報告されている。

―男児　D君―

「表（からだの感じ方式）について　3年のときや4年の前半のときはなれてなくて，はじめてで分からないことやなぜやるのかが分からなくて，気持ち悪くなったりした。けれども4年の後半からは書くことにもこまらなくなった。4年も終わるころには，このことから，自分の考えていることが今どういうじょうきょうにあるのかなど，いろいろなことが分かるようになり，今ではけっこう役に立っている。というのは，そのときのじょうきょうがけっこうよく分かるので，5年になってからも1ヵ月に1度ぐらい使っています。自分にびんかんになったような気もしてよかったです。

うら（気がかり方式）について　心配事は，はこに入れてもなかなかなくならなかったけど，じょじょにうすくなっていってよかったです。（こちらは最初から問題ありませんでした。）やはりこれも数か月するころからだんだん効果があがり，1度のようりょう（気にならなくなる量）も大きくなりました。」

①やり方ややることに馴染むまでに気持ちが悪くなったことがあること，②自分のいる状況がわかるようになり，役立っていること，③5年生になっても月に一度ぐらい使っていること，④心配事が徐々にうすくなり，数ヵ月で気にならなくなる量が増えたこと，などが報告されている。

このようにフォーカシングの空間づくりの効果がポジティブに報告されているが，空間づくりをやる意味ややり方が体験的に理解でき，それに馴染むまでにはある程度の時間がかかることがわかる。しかし一度会得すれば，A君，Cさん，D君のように自分自身で自分のためにうまく役立てることができるのである。特にD君は，5年生になっても自分で実施していることを報告している。逆にCさんのようにやらなくなると，からだやものごとについて感じる感度が

落ちると考えられる。しかし2年間やっているのでまたやりさえすれば，すぐに感じる感度は元に戻るであろう。B君は癒しの不思議な体験として報告している。D君は馴染むまでに気持ちが悪くなったことがあることを報告している。D君は心臓疾患を抱えているのであるが，心身の疾患をもつ場合にはガイド側にもフォーカサー側にも慎重な取り組みが求められる。このような心身の疾患がある場合や空間づくりの意味，やるときの態度ややり方が理解できるまでには空間づくりを教えたり，空間づくりの体験を整理するために個別のセッションを用意して，希望に応じて利用できるようにしていくことが必要だろう。

4 おわりに

BCS法フォーカシングを紹介し，2年間適用した小学生児童の体験内容を1年目，2年目およびフォロー・アップの自由記述の調査によって検討した。BCS法のフォーカシング体験は，児童によってほぼすべてがポジティブに評価されていた。具体的には，心身の快適感，感じの感得，自己理解，方法の有効性などが報告された。このうち自己理解や方法の有効性が体験的にわかるのは2年目の方が多かった。こうして小学生に対するBCS法フォーカシングが有効であることが明らかにされた。しかし心身の疾患を抱えている児童がいる場合や空間づくりの態度ややり方がきちんと修得できるまでは，集合的個別実施法の他に個別ティーチングのセッションを用意し，必要に応じて積極的に併用することが考えられる。今日の学校教育のなかで教育のヒューマニゼィションを考える場合，学校教育のなかにフォーカシングを導入する意義は明らかであろう。このような教育実践を単発に終わらせることなく，持続的に発展させていくことが重要となる。

参考文献

Ito, Y. 1992 Analysis of clearing a space experiences of Focusing. *Abstracts of the XXV International Congress of Psychology* (Brussels, 19-24 July 1992). 369.

伊藤義美・村山佳子 1993 フォーカシングの小学生への実践的適用の検討 名古屋

大学教養部紀要B（自然科学・心理学），**37**, 109-124.

McGuire, M. 1986 Teaching clearing a space to elementary school children aged 6-11 years. *The Focusing Folio*, **5** (4), 148-161.

伊藤義美・村山佳子

第11章

小学校における音楽の授業への
フォーカシングの適用

ここでは，フォーカシングと解決焦点化ブリーフカウンセリングの技法を併用し，1人ひとりが目標を明らかにしながら取り組む音楽の授業の試み（小学校4年生）を報告する。

1 はじめに

1人ひとりの子どもたちが意欲的に学習するには，どのような活動を具体的に授業の中に組み入れていくか。これが教師である筆者の問題意識である。

デシ（Deci, 1995）は，「よい問題解決や成果を生み出すためには，内発的に動機づけられる必要がある。それは，行動と結果を結びつける仕組みが出発点になる」という。そして，「最適な目標を設定する最もよい方法は，彼らを目標設定の過程にかかわらせることである。自律性を支援し，目標の設定に積極的な役割を果たさせることで，仕事や課題に専念できる最適な目標が得られる」と述べている。

個人が生きる状況から感じられる漠然とした実感・気分・雰囲気などであるフェルトセンスについて，状況から適当な距離をおいて，身体で実感される体験過程とかかわらせ，自己理解を深めていく体験様式であるフォーカシング（池見，1999）は，デシのいう自律性を促進することそのものであろう。一方，問題の解決ではなく，その問題が解決された後の行動に焦点化する解決焦点化ブリーフカウンセリング（Solution-Focused Brief Counseling, 以下SFBCと略記）は，例外（過去にうまくいったこと，すでにうまくできていること）をもとに具体的で実行可能な小さな目標を設定し，解決を構築する（Sklare,

1997)。これは，課題関与（Deci, 1995）にもとづいて問題の記述から目的の達成まで自律的に動機づけられるように援助する技法といえるだろう。

　筆者は，フォーカシングやSFBCの技法を併用して，子どもたちが自分の目標を決め，目標と成果を確認しながら学習活動を進めれば，子どもの自律性を効果的に支援する学習活動ができるのではないかと考えた。つまり，自分の実感に即した具体的で実行可能な目標をつくることができる。自分の行動に対する肯定的な自己評価を「身体で感じること」で確認し，より確実に目標や成果が把握できる。これらから，子どもたちは学習に興味がわき，自信をもって自己表現や行動ができ，学習意欲が増すと考えたためである。

　上記のようなことから，小学校4年生の音楽の授業で，フォーカシングとSFBCの技法を併用し，子どもたちが自分の目標をもって授業に臨み，その成果を自己評価することを，1学期間取り組んだ。子どもの感想をもとに，その効果について考えることを目的とする。

● 2　小学校4年生に対する音楽の1学期間の取り組みについて

1）対象　小学校4年生児童（24人）の1学級
2）期間　平成1×年度1学期（4月から7月までの4カ月間）
3）音楽について　音楽の時間は，週2回，2時間（1単位時間が45分）である。音楽は，専科担当教諭（筆者）が行う。
4）4月当初の子どもたちの様子　素直で穏やかな子が多く，男女の仲もよい。気軽に「どうしたの？」と言葉がけをして，自分から手助けできる子もいる。しかし，ピアニカやリコーダーの苦手な子，困ったことを他の子にいってもらう子，少しのことで気分を害する子たちがいた。
5）フォーカシングとSFBCの技法を導入する手順　1時間の授業の流れは，つぎのようである。
　（授業開始時）　　目標作り（5分間）
　①授業の始まりの感じを自分の身体で感じ，ぴったりした言葉や絵などで表現する。
　②「この時間がどんなふうになったら，うまくいったとわかりますか」を身

体で感じて小さな目標をつくる（目標は行動で記述するようにさせる）。
　③つくった目標でぴったりするか，身体で感じて確認する。
　（授業中）　教師は自己選択する場面をつくるように心がけ，つぎのようなことばかけを行いながら子どもたちの活動を支援する。
　①「ぴったりするか自分の身体で感じてみよう」。
　②ほめる（その子どもに有能な力があることを認めるようにほめる）。
　③「それはどんなふうにうまくやったのですか」（資源や例外となる行動に気づくようにして自信を与える）。
　（授業終了時）　　成果としての自己評価を行う（5分間）
　①学習をした感じを身体で感じて，ぴったりしたことばや絵などで表現する。
　②目標の達成度について，スケーリング・クエスチョン（Scaling Question, 以下SQと略記）を用いて0から10までの数字で表す。
　③成果として，うまくいった行動を記述する。
　④記述したことを身体で感じて確認する。
　4月から6月は，全体で教師が教示を行い，子どもたちの理解の様子を把握して進めた。黒板を使い，子どもたちが自分の目標と自己評価を書くようにして，簡単で，実行可能な具体的な行動を記述するように指導した。
　7月は，子どもたちが自分で目標づくりや評価が行えるように，教示は教師が行うが，子どもがB6版の画用紙に記入するようにした。画用紙は，各自が四つ折りにして，①から④まで番号をつける。授業開始時は，①身体で感じたフェルトセンスを絵やことばで表し，②小さな目標を書いた。授業終了時には，③身体で感じたフェルトセンスを絵やことばで表し，④成果としての自己評価を数字で表し，うまくいった行動を書いた（図11-1参照）。
　終了時は，次回の予告をした。このことで，授業開始時に目標づくりをスムーズに行えた。

　6）子どもたちの様子　5分間ほどの時間で，自分の身体の感じをもとに小さな目標を決めたり，うまくいった行動についての肯定的な自己評価をすることで，子どもたちは生き生きと活動した。目標が実行可能な行動の記述であるため，すぐに各自の目標を活動として実行できた。子どもたちはだんだんと意欲づいた。「自分たちで合奏をしたい」と，曲や楽器の選定，練習の仕方など

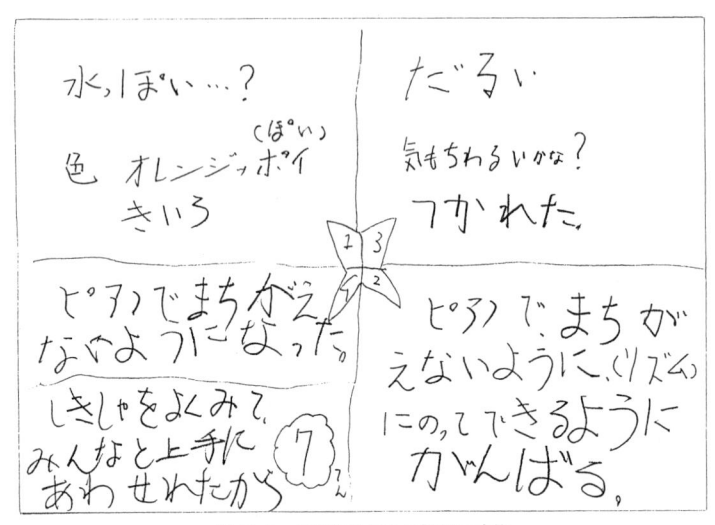

第11章　小学校における音楽の授業へのフォーカシングの適用

```
水っぽい…？            だるい
色 オレンジっポイ(ぽい)   気もちわるいかな？
  きいろ              つかれた

ピアノでまちがえ       ピアノでまちがえ
ないようになった。      ないように、（リズム）
しきしゃをよくみて      にのってできるように
みんなと上手に ⑦ん     がんばる。
あわせれたから
```

図 11-1　目標作りと自己評価の実際

表 11-1　6月と7月の目標

	6 月 の 目 標	7 月 の 目 標
A	まちがわないようにしたい	ていねいにしたい
B	モッキンをさわやかにひきたい（水色の玉）	夕やけのおかの合そうをがんばりたい きれいにならしたい
C	テープにとるのでマラカスのならし方を工夫したい	リズムをくずさないようにする
D	合そうで木きんをがんばる	リコーダーで強くふかないようにする
E	合そうでリコーダーを楽しくふく	夕やけのおかでリコーダーをきれいにまちがえないようにする
F	合そうできれいな音を出したい	合そうでふえをふくのをまちがえないようにふきたい
G	合そうで笛をきれいにふきたい	歌で小鳥のようなきれいな声でうたいたい
H	合そうで音の大きさを工夫したい	アコーディオンがつかいにくいけど休みのところから入るのを、がんばる
I	いろんなことを一しょうけんめいがんばりたい	みんなのきょくに合わせて合そうする
J	今日、テープをとるとき、木きんをじょうずにやる	2ばん目と3ばん目のばんそうをじょうずにやる

K	カスタネットを大きくしたりしてやりたい	オルガンでしきしゃに合わせてきれいにていねいにひきたい
L	夏だからこそ合そうでこんどこそじょうずになめらかにひく	こんどこそ、合そうを1ぱつできめるリズムに合わす
M	合そうで楽しいかんじでやりたい	今日、夕やけのおかの合そうで、きれいな音を出してリズムをきれいにとる
N	合そうでうまくするのをがんばりたい	うたできれいな声をうたいたいから大きさにきをつける リズムをとるようにする
O	楽しくみんなで音楽をやりたい	夕やけのおかで気持ちをこめてしんけんにやる
P	合そうがしたい	みんなと合わせる
Q	楽きで合そうしたい	欠席
R	合そうをまちがえないでやりたい	今日、リコーダーをきれいにしたい
S	元気に合そうをがんばりたい	うまくリコーダーをやさしく、ゆったり、気持ちをこめてゆっくりふきたい
T	うたをうたって合そうしたい。合そうでふえでキーンと音がならないようにしたい	合そうでみんなとじょうずに合わしたいピアノでまちがえないように！
U	今日は合そうでふえをきれいにふくのをがんばりたい	みんなといっしょになるべくまちがえないで合そうしたい
V	強弱をなるべくうまくたたきたい	アコーディオンで、夕やけのおかをなるべく見ないでひけるようにがんばりたい
W	草だからそよそよと合そうしたい	ふつうにしたい
X	合そうで木きんをはやくならないようにがんばりたい	がっそうでみんなと合わせるのをがんばりたい

を決めて，熱心に練習したり，演奏の仕方を高めようと努力していた。

階名の理解が苦手なAさんは，4月に「ドレミをおぼえる」という目標をつくった。筆者は，「ここはどんなふうにうまく覚えれたの」と例外を引き出したり，「自分で考えたいい方法だね」とほめたりして支援した。Aさんは，階名のシールを鍵盤に貼るという方法を自分で考え出して自信がつき，オルガンやアコーディオンの演奏に挑戦していった。「よくやった」「まちがえないようにがんばった」「まえよりじょうずになった」などの満足感や努力，達成感などの成果を自分で確認しながら，意欲的に取り組んでいった。

表 11-2　6月と7月の成果についての自己評価

	6月の成果についての自己評価	7月の成果についての自己評価
A	・いっぱいまちがった。でもがんばった	・ちょっとうまかった　・まちがえないようにがんばった ・よくやった　・まえよりじょうずになった
B	・目標をできた	・すごくうまいから　・音がきれいにでた・すぐしきしゃをみていた　・みんなの音をきいた
C	・工夫できた　・リズムよくできた	・リズムをくずさなかった　・ちゃんとおぼえたのでみんなと合わせて，みんなの音をきいて，最後をうまくできた
D	・まちがわなくてよかった	・しきしゃをよく見た　・まちがえないようにできた ・みんなと楽しくできたから
E	・きれいに楽しくふけた	・きれいにふけた　・いっぱいれんしゅうした　・しきしゃをちゃんと見た　・まちがえないようにみんなに合わせてふけた
F	・あんまりきれいにできなかったけど少しはきれいにできた	・1回だけまちがえたけど、きれいにふけた ・じょうずにふけた
G	・うまくいった	・しきしゃをずっと見た　・強弱をつけた　・じょうずにふけた ・レミファソがきれいにふけた　・あせが出るまでがんばった
H	・せいこうしたときに大きさがくふうできた	・休みで入れたから
I	・目ひょうを大切にしたからうれしいね	・みんなの合そうと合わせた　・自分でできた
J	・きれいにできた	・引っぱるとかたがいたかったけどがんばった　・手をうごかすのをがんばった ・1回するのにしきしゃを6回は見た
K	・きれいにできた	・ていねいにまちがえずにひけた　・おくれずにできた ・しきしゃやみんなに合わせられるようにできた
L	・目ひょうとはちがうけど強弱をクリアできた	・すこしせいこうした　・あついけどがんばった ・歌はなめらかに1回だけやれた　・すこしラクだった

M	・カスタネットをきれいにできた	・強弱がきれいにできた　・リズムがじょうずにとれた ・きれいな音がだせた
N	・ならすのがうまくできた　・音がきれいに出た	・ちょっとできたから　・リズムもとれた
O	・よくできたと思う　・楽しく合そうができてよかった	・しんけんに合そうできた　・気持ちをこめてできた ・強弱をできた
P	・きれいにできた	・すごくいいリズムだった　・さいごがうまかった　・やさしくたたけた　・教か書を見ないでもできた　・練習してよかった
Q	・たのしかった（ピンクの線）	欠席
R	・まちがわないできれいにできた	・きれいにふけたけどまちがった　・歌がまちがえないように歌えた
S	・鉄きんがうまくいってよかった	・目ひょうが前よりまもれた　・とくにゆっくりやさしくふけた　・あせらずふけた　・まえよりうまくなった
T	・大きくしたり小さくしたり、強弱が上手に出た ・ふえも上手に出きた（ト音記号）	・歌も大きな声でできた　・前よりみんなに合わせれた ・終わりがうまくできた　・おくれなかった
U	・きれいな音でふけた	・たのしくやれた　・きれいにできた ・たのしくやれた ・リズムにあわせた
V	・ふねがほんとうにとおざかっていくかんじがした	・上のだんと下のだんを見ないでひけた　・○○たちが「きいているとVさん上手」と言ってくれた　・くうきをぬくこつをおぼえた　・まんぞく　・あんきした
W	・レドシラソラシがじょうずだった	・しきを2だん目と3だん目の最ごを小さくしてみた　・元気よく歌った　・暑くてもしきを上手にした
X	・はやくなったときもあったけど、はやくならないときもあった	・しきしゃを見て合わせた　・リコーダーをまちがえずにできた

● 3　取り組みの成果

　子どもたちの授業の感想は，「むずかしくてもできたからよかった」「リコーダーがへただったのにじょうずになった」「楽しかった」などの満足感や達成

感,「みんなのいきがすごくあっていった」「みんなで楽しくできた」などの仲間関係の向上であった。目標を決めて取り組んだことについては,「もくひょうをもったのでうまくできた」「もくひょうをもてたからがんばれた」「もくひょうのとおりにちゃんとまもるようにした」など努力や意欲であった。目標の意義の理解ができてきたと思われる。

「6月と7月の目標」(表11-1参照)によると,がんばりたいという達成意欲をもとに,行動目標が具体的にわかるようになってきて,各自が学びとった効果的な方法を書くようになってきたと思われる。また,「6月と7月の成果についての自己評価」(表11-2参照)を見ると,自らの努力の成果が合奏の成果となることがわかり,自分の目標を達成するによって合奏の質を向上させて,より具体的に成果を認識するようになったものと思われる。こうした目標理解や自己評価の把握が子どもたちの合奏活動を意欲づけたと考える。

一方,表11-1と表11-2の7月の目標と自己評価を書いた日の終了時の「身体で感じること」の記述は,すっきり感(2人),達成感(2人),満足感(2人),暑さ(3人),疲労感(4人),身体的な痛さ(3人),よい感じ(6人),その他(1人)であった。暑さや疲労感,身体的な痛さなどの不快感についての自己評価のSQによる数字は,暑さは,4,7,9,疲労感は,5,8,10,身体的な痛さは,5,7,10であった。身体的な痛さを書いた子どもたちの自己評価の記述(表11-2のJ,K,Lを参照)からは,熱心に取り組んだ様子がうかがわれる。身体的な痛みは,暑い中を集中して学習活動に取り組んだ満足感や達成感を含んだ身体状況を表しているように思える。

さらに,「身体で感じること」についての感想は,「おちついた」「気持ちがやすらいだ」「自分の感じがよくわかった」「自分で感じていることをいうからすっきりする」「えんそうで感じることは大切だとわかった」などであった。「身体で感じること」によって,自分自身を自覚できたと考える。

また,楽器の選定で,男子のなかに女子が1人になった場合においても,「自分がしたい楽器だから選んだ」と話した。そして,同じ楽器を選んだ皆んなで協力し,聞きあったり,教えあったり,演奏方法を工夫したりして楽しく練習していた。これらのことから,目標を決めるときに,実感に即した決定は,自分に適した行動の決定になり,学習活動を意欲づけ,有効であったと考える。

● 4　おわりに

　上記から，「身体で感じること」や解決した後の行動にもとづいた小さな目標づくりと肯定的な自己評価は，それぞれの子どもが学習活動に対する達成意欲を高め，自分に適した学習の方法を考え出し，積極的に学習することが認められ，効果的であった。また，自分の目標を具体的な行動として追求することで，個々の成果が全体の成果と目標に結びついて，個々の学習意欲をさらに高める効果があったと考える。フォーカシングは，それぞれの子どもの目標や自己評価を自律的に自分に適するように自覚して決定でき，学習活動に対する意欲を促進し，有効であった。5分という短い時間で行えたことが授業に無理なく導入できたと思う。これからも，子どもたちの自律性を支援するという観点から，フォーカシングの学習活動への効果的な適用を図りながら，意欲的な学習活動を実現するよう工夫していきたい。

参考文献

Deci, E. L. & Flaste, R.　1995　*Why We Do What We Do: The Dynamics of Personal Autonomy*. New York: G. P. Putnam's Sons.（桜井茂男監訳　1999　人を伸ばす力：内発と自律のすすめ　新曜社）

畑中良輔・市川都志春・小原光一・川崎祥悦・平吉毅州・飯沼信義・蒲田健次郎・黒沢良徳・石桁冬樹・加賀清孝　2000　小学生の音楽4　教育芸術社

池見　陽　1999　体験過程とフォーカシング　現代のエスプリ　No. 382　フォーカシング　至文堂　pp. 37-49.

Sklare, G. B.　1997　*Brief Counseling That Works: A Solution-Focused Approach for School Counseling*.　Corwin Press.（市川千秋・宇田　光編訳　2000　ブリーフ学校カウンセリング　二瓶社）

　　　　　　　　　　　　　　　　　　　　　　　　　　　　　　　　　　村山佳子

第12章

高等学校における教科学習への
フォーカシングの適用

1 はじめに

　筆者は，中学・高校を併設している学校の『ふれあいる～む』という名称の相談室や会議室などで昼休みや放課後に，悩みをもった生徒や保護者からの相談をうけ，話を聞いている。その教育相談面接のときに，フォーカシングを取り入れた面接も行っている。学校の教育活動へのフォーカシングの取り入れは，このような個人面接での活用だけでなく，帰りの会や道徳の時間などHR活動での取り入れが行われており，その報告がなされている（村山ほか，1984；伊藤，1992など）。しかし，教科学習へのフォーカシング導入の実践報告はあまりなされていないようである。そこでここでは，教科学習へのフォーカシングの導入を報告し，その成果と問題点を検討する。

2 教科学習にフォーカシングを導入する動機

　高校で世界史などを受けもっているが，世界史など歴史は過去の出来事を学び，それを暗記する科目であると考えている生徒が少なからずいることを授業をとおして感じている。しかし，ただ単に過去の出来事を知識として身につけていくだけでなく，世界史を学ぶことによって今を生きる生徒が，今学習している内容をどのように受け止め，どのように感じているのかを自分で確認することによって，今まで気づかなかった自分と出会い，自分の生き方をみつけていく手がかりの1つになるようにと考えている。そのためには，歴史的な出来

事を知識として理解している部分とそれについて身体で感じている部分とがつながりをもち，学習したことがより印象的にしっかりと本人に定着していくことが大切であり，それに向けての働きかけが必要であると考えている。

授業中，生徒に「今日の授業で学んだ事柄・人物などについて，あなたは今どんなふうに受け止めていますか。どんなふうに感じていますか」と尋ねると，自分の感じているところを話す生徒もいるが，「別に」とか「なんにも」と言ったり，「う〜む」と考え込んだりする生徒がいる。このように教科学習のなかでは自分の気持ちを語ることが苦手である生徒や，自分の感じ自体に目を向けてみることを意識的には行っていない生徒たちがいる。

このような生徒が教科学習や日常生活の中で，自分のなかにある今の気持ちや感じに目を向け，自分のなかにある感じを適切に表現でき，それに基づいた言動がより多くできるようになり，そのことにより主体性・自主性が育まれるようにと願い，教科学習にフォーカシングを導入した。

3 ねらい

(1) 生徒が，授業でこれから学ぶこと，今までに学んだことを自分がどのように受け止め，それが身体の内側にどのような感じとしてあるのかを確認することで，授業と自分とのつながりをもつようになること。

(2) 生徒が，自分のなかにある感じを確認し，自分への理解を深め，自分の変化に気づくことによって，真の自分への歩みを始めるようになること。

(3) 一部の生徒だけでなく，クラスの全員の生徒を対象とすることにより，開発的なフォーカシングを試みること。

(4) 生徒が，授業（教科内学習活動）の領域のみならず，日常生活のさまざまな場面で応用できること。

4 方法と内容

ジェンドリン，E. T.のフォーカシングを基本にする。生徒自身が自分の身体の内側に注意を向けて，自分のなかにある感じに注意を集中させ，自らが感

じているものに出会い，その感じを味わう。つぎに，その感じを図・絵・文章などで表現する。
1）**対象者**　高校2年生　女子　（約150名）
2）**期間**　199X年4月～7月　（4回）
3）**場所**　HR教室，特別教室
4）**時間**　15～30分
5）**具体的テーマ**　①テーマを決めて行う場合
　　ア）「学習したことが自分のなかに，今どんな感じとしてあるのかな」。
　　　（例）ギリシア（シュリーマンとトロヤ）中国古代文明（黄河文明）
　　　　　　ヘレニズム（アレクサンドロス大王）唐代中国（玄宗と楊貴妃）
6）**具体的内容**（初回）
　①場所　特別教室
　②時間　世界史の授業（50分のうち約30分）
　③方法
　　ア）この時間に何をするのかを生徒に伝える。
　　　　「自分のなかにある感じについてみてみよう」。
　　　　　主旨を伝えた後，スケジュールを簡単に説明する（集団で実施）。
　　イ）リラックスする。
　　　・イスに腰をかけて，静かに目を閉じる。
　　　・身体を動かして，リラックスできる姿勢を探す。
　　　・リラックスできたら全体がそろうまで待つ。
　　ウ）テーマについて，今私の身体のなかにどんな感じがあるか尋ねてみよう。
　　エ）身体のどこに，どんな感じがあるのかを受けとった人は，もう一度「今私の身体の○○に△△の感じがあるんやなー」，「○○にある感じは△△という感じやなー」と，感じに語りかけてみる。
　　オ）ピッタリしたら，それを味わう（その感じと一緒にいる）。
　　　　ピッタリしなかったら，その感じにピッタリする表現・イメージ（象徴）が出てくるまで待つ。
　　カ）オ）で出てきた感じを図や絵で表してみよう。

150　第12章　高等学校における教科学習へのフォーカシングの適用

図 12-1　描かれた絵や図

```
                「今　どんな感じ」をやってみて
                   高　年　組　席氏名
◎「今　どんな感じ」を，やってみました。やっていくことによって少しずつ
  新しい気づきや発見があるのではないでしょうか。その感じを大切にして，
  今回の「今　どんな感じ」について，下の問いに答えて下さい。
                                    （199Ｘ年　　月提出）
1.「今　どんな感じ」をやって，その結果について該当するところに，○印
  をうって下さい。（いくつでも，当てはまると思うところに○印を）
   1（　）気持ちとか気分が，すっきりした。
   2（　）心・身体が，軽くなった。ゆったりとした。楽になった。
   3（　）感じをあじわっていると，暖かい感じが出てきた。
   4（　）おちついた感じになれた。
   5（　）ここちよい気持ちになれた。
   6（　）落ちついた気持ちで，自分をながめることができた。
   7（　）今の感じをあじわったり，感じを絵・図であらわしてみると心・
        身体のなかに何か新しい変化がおこった。
   8（　）今まで気がつかなかった自分があることに気がついた。
   9（　）自分のなかのある部分と話しあえたような気がした。
  10（　）深く自分を見つめているような気がした。
  11（　）今の自分の心・身体の状態がわかった。
  12（　）「今どんな感じ」をやった人物・事柄と自分とのつながりが何か
        できたような気がした。
  13（　）「今どんな感じ」をやると，やらない時とくらべて，その人・事
        柄がすこし身近に感じた。
  14（　）「今どんな感じ」をやると，その人物・事柄と関連する授業内容
        がどれくらいわかっているのかが，はっきりした。
  15（　）「今どんな感じ」をやって，自分で授業中に授業内容について，
        「今どんな感じ」をやったことがある。
  16（　）日常の生活で，「今どんな感じ」を感じたりすることがある。
        ○印をつけた人は，a～cから選んで下さい。
        a．よくやる　　b．ときどき　　c．たまに
  17（　）「今どんな感じ」はやったが，自分には役に立っていない。
  18（　）「今どんな感じ」をやっても，感じは変わらない。
  19（　）「今どんな感じ」は，あまりよくわからない。
2.「今　どんな感じ」をおこなってどんな感じになりましたか。どんなこと
  に気づきましたか。そのほかどんなことでもいいので書いて下さ
  い。
```

図 12-2　ふりかえり用紙

　実際に図や絵を描く前に，その感じを表した図や絵が自分の内側にある
感じとピッタリするか確認する。

キ）配布済みの所定用紙（Ｂ5サイズ）に色エンピツ，マーカー，サイン

ペンなどで描く（図 12-1 参照）。

ク）つぎに自分のなかにある感じとか，絵・図を描いているときの心の動きなどを文章で表現する。

ケ）ふりかえり。感想・まとめを，所定のふりかえり用紙（図 12-2 参照）に書く。（不安定な感じになった人やこのことをやったことで相談したいことが出てきた生徒はそのことを申し出るか，用紙に記述することを伝える）

● 5　実施の結果

1．生徒の感想

(1)　心身の快適感について

初回の感想はつぎのような結果であった。ふりかえり用紙（以下用紙1と略記）の「すっきりした」「楽になった」「温かい感じが出てきた」「ここちよい感じになれた」の各項目について，全体の約23～26％の生徒がそれぞれ○印で回答している。しかし「落ちついた感じになれた」の項目は58％で半数以上の回答であった。また，「夢をみているような感じ」とか「なにか不思議な感じ」「楽しくてやすらぎがあったような感じ」などの感想があった。用紙1の上記内容についての2～4回目までの回答は平均23～28％であまり大きな変化はみられなかった。

(2)　自己理解について

用紙1の初回結果は，「落ちついた気持ちで自分をながめることができた」（26％），「自分のなかのある部分と話しあえたような気がした」（36％），「深く自分をみつめているような気がした」（42％）であった。2～4回目についての回答結果はあまり変わらず，項目によっては初回よりは回答率が下がっているものもあった。

(3)　否定的表現について

用紙1の初回結果は，「役に立っていない」（2％），「感じは変わらない」

（11％），「あまりよくわからない」（18％）であった。2～4回目の結果は，「役に立ってない」はあまり変化がなく，「感じは変わらない」は少し減少し，「あまりよくわからない」は4回目には9％に減少していた。

(4) 学習活動の定着について

用紙1の初回結果は，「人物・事柄と自分とのつながりが何か出てきたような気がした」（20％），「人物・事柄が身近に感じた」（20％），「人物・事柄と関連する授業内容がどれくらいわかっているのかはっきりした」（15％）であった。2～4回目については，全体的に回答率が上がった。4回目は，上記項目についてはそれぞれ27％，58％，32％で高くなっている。

また，「今どんな感じをやるとやったことに対する授業は，今までと違った感じで授業に臨める」「これをすると授業内容が，自分のなかでどれくらいわかっていたのかがはっきりして，心が晴れるような気がする」「その出来事が自分にとって身近に感じる」「今までは本を読んでも字を追っていくだけだったが，これを始めてから，今何を感じているのかを考えるようになった」「教科書にあることを覚えたりすることだけがその出来事や人物との出会いではないという気になった」などの感想があった。

(5) 日常生活での活用について

用紙1の「日常の生活で，「今どんな感じ」を感じたりすることがある（たまにを含む）」の項目に答えている生徒の1～4回目の平均は18％で，それぞれの回での変化もあまり大きくはなかった。また，「今どんな感じをしょっちゅうやっている。例えば，お風呂や寝るとき勉強しているとき，電車の中でもやっている」「学校でも家でもときどき思い出してやっている。そして，苦しいときでもそれを自分の中でどう捉えているかなど，やったりする」などの感想があった。

2．教師の感想

授業で「今どんな感じ」を初めて行った生徒でも，心身への快適な感じが体験できた生徒がかなりいること。またその感じを，図・絵で表現することで自

分の内側にある感じがさらに明確化されていく生徒がいることから，1回だけでも体験を確かめ深めることができる。繰り返し行えばそれが定着していく。ただ，回を重ねていっても心身の快適感や自己理解度全体が必ずしも増加するわけではないところは検討する必要がある。これに対して，学習活動への定着についての歴史的人物・事柄と自分とのつながりについては，用紙1の項目12，13，14の回答率の平均が初回18％，2・3回目34％，4回目39％としだいに高くなっていることから，繰り返し実施することに効果があると考えられる。また，これを実施することで，日常生活でも進んで「今どんな感じ」を意識的にやっている生徒がいることやこのことに関心をもった生徒が筆者に話しかけてくるようになったことも大変意味のあることだと考えている。

「あまりよくわからない」と答えている生徒のなかには「落ち着いた感じになれた」という肯定的な項目にも回答をしている生徒も複数いる。が，否定的な表現をしている生徒に対して十分な配慮と働きかけが必要であると考えている。

6　今後の課題

絵・図を表すことが主目的になってしまう生徒に対して，目的をわかりやすく伝える必要がある。感じはつかめても，絵・図は描きにくい生徒に対する配慮が必要である。また，「今どんな感じ」を行うとき，テーマが決まっていないとやりやすいが，テーマを決めるとやりにくいという生徒がいる。この点からテーマを決めて行うときの方法を検討する必要がある。

フォーカシングの学習活動への効果を客観的に知ることのできる方法をさらに検討する必要がある。1人で行っているためリスナー役がいない。2人で行う方法も検討する必要がある。「今どんな感じ」をやる回数が増していくことによって，生徒1人ひとりがどのように変化していったかをみていくことやクラス全体がどのように動いていったかを知ることは大切であり，その方法を検討する必要がある。テーマの出し方によって，生徒は「今どんな感じ」を感じやすかったり，感じにくかったりすることがある。「今どんな感じ」がやりやすくなるように，テーマの出し方の工夫を検討する必要がある。

● 7 おわりに

　生徒が自分のなかにある感じと出会い，自己を受け入れていくことができるようになるための方法として「今どんな感じ」は有効であると考えている。授業（教科内学習活動）と自分とを結びつけていくことのきっかけになればと思い，「今どんな感じ」を実施しているが，まだ検討していく点が多々あり，今後さらに改善に向けて検討していきたいと考えている。

参考文献

伊藤義美　1992　フォーカシングの小学生への適用例の検討　日本カウンセリング学会第 25 回大会発表論文集，156-157.

村山正治ほか　1984　フォーカシングの理論と実際　福村出版

　　　　　　　　　　　　　　　　　　　　　　　　　　　　　　　藤嶽大安

第4部

フォーカシングによる自己理解・変化

第13章

絵画をとおしてのフォーカシングによる自己理解・変化

● 1　絵画をとおしてのフォーカシング

「何が，今私の注意をもとめているんだろう」，「今私は，どんな感じで生きているんだろう」。こんなことをゆっくり味わいたくて，ある学習会のセッションで，雑誌に掲載されている絵画をとおしてフォーカシングを体験する機会をもつことができた。約40分間のセッションであったが，リスナーのかかわりのなかから，いくつかの自己への気づきやプロセスの中で自己理解が進んだのを感じることができたので，ここに報告する。

● 2　絵画をとおしてのフォーカシング・プロセス

このセッションで使用した絵画の題は「夕映え」（図13-1参照）であり，夕暮れのせまった筑波山の麓，畑仕事を終えた女の人が，野良着姿で夕焼けを見ている後ろ姿であった。セッションのすべてを録音することができたので，その逐語録を拠所としてプロセスを追いつつ，自己理解・変化の視点からそのありようを記すと以下のようであった。

(1) 選ぶことの意味

セッション開始時，たくさん並んでいる「絵」のなかから1枚を選ぶという作業があったが，どの絵を選ぶかはまったくフォーカサーである自分に任されていることであり，私は迷う事なく「夕映え」を選んだ。しかし，そこには何らかのフェルトセンスがあったように思うし，さらに，録音を聞き直し，また

160　第13章　絵画をとおしてのフォーカシングによる自己理解・変化

図 13-1　飯野農夫也『夕映え』1954（昭和29）年（1976年改作）（かみや美術館蔵）

　逐語録を読み直しながら強く感じたことは，このセッション中ずーっとそれに触れ続けていたということであった。
　今回は1枚の絵から始まったが，「今日はどんなやり方でやろうかな」「誰にリスナーになってもらおうかな」あるいは，いくつか浮かんでくる自分の思いのなかから「今，ここで何を取り上げようか。また，今どれが何かを言いたがっているか」等など迷うことはいつもいっぱいある。だが，どれか1つを「選ぶ」という，この作業は，ことばにすればいろいろ理由は挙げられるが，それ以前に自分にとってとても大切な"そのときの何かわからないある感じ，すなわち"フェルトセンス"なのであろうと思っている。だから，このとき選んだ絵は，このセッションで私が取り組みたいことと大いに関連があり，大切な意味があったように思う。
　(2)　「味わう」こと（全体でも，部分でも），出てきたものをそのまま受け取り伝え返してもらう，そんなかかわりから「感じられている」自分に気づき，そこから自己理解へと進む。
　和室の畳の上においた絵を前にして，やや戸惑っているフォーカサーに対し

てゆっくりしたリスナー（男性）のかかわりで，その絵を味わうことのできる間が生まれ，それを言葉にしていくことができていく。記録でみてみるとつぎのようである。（これ以下，L：リスナー，F：フォカサーと表す）

L3：自分のなかでその絵を見てですね（はい）なんかよーく味わうような感じで，どうでしょうか。その絵のなかで，まあ全体でもいいですし，どっか部分でもいいですけど，その絵をご覧になって自分のなかでこう，どうでしょうか。ゆったりとしながら「あー，こんな感じだな，こんなふうだな」ということで，自分のなかで味わってみるとどうでしょう。

F3：うーん〈沈黙15秒〉… 1日が終わってほっとしている感じかなー。

L4：1日が終わって，ほっとしている感じ。はい，じゃーそういう感じということで，その感じと暫く一緒にいながら，その感じと一緒にいてみるとどうでしょう。よーくその感じを味わってみると。……その感じが変わってもかまいませんし，あるいは，こんな感じもしているっていうのでもかまいません。

F4：何かやれやれというか，ほっとというか，そんな感じで……。

L5：やれやれとか（うん）ほっとした感じ。

F5：何か，ふわーとした温もり……。

L6：何か，ふわーとした温もり（うん）うん。

(3) ぼんやりと感じている「ある感じ」につながるリスナーの問いかけ，さらに次々とことばになる思いと「そこにある感じ」とをつなぐようなていねいなかかわりから，自分が抱いている母への微妙な思いに気づいていく。

フォカサーである私は，「絵」の場所をもう少しいたい場所として感じ，味わい，さらに子どもの頃の「ある場面」がぼんやり浮かんできていた。そのぼんやりしたものの奥にある，私らしい私に一歩近づけたリスナーの重要な問いかけ。そして，それに続く部分はつぎのようであった。

F13：そうですね。とか，まあー近くで働いている人たち。

L14：あー，近くで働いている人たち，うーん。〈沈黙32秒〉… そういうなかで，こう，特に印象に残っているというか（うーん）何かそんなものみたいな，何かありますか。まあーそういう場面の中で。

F14：うん〈沈黙43秒〉そうですね。おやつの残り（うん）おやつにもって

いった残りの飴玉，1個か2個か残ってて（うん）母が探してポケットから（はあ）何か渡して，それを（うん）口の中に入れる（うん）その甘さというか（はあ）うーん。

L15：お母さんがくれた（うん）うん，あの甘さ（そうですね）うーん。

F15：……たった1個しか残っていなくてね（うん，うん）うん，1個で，口の中で（うん）うーん。〈沈黙33秒〉

L16：そういう時の感じっていうのは，どんな感じ（うん）だったでしょうか。

F16：そうですね。何ともいえない幸せ，幸せというか（うーん）嬉しさというか。

L17：うーん。何ともいえない（うん）幸せというか，嬉しさというか。

F17：うん，うん。そうですね。嫌なことみんな忘れてしまいそうなね。

L18：うん，嫌なこと（うん）忘れてしまいそうな。はい。じゃあ，そのときのその感じを，よく「あー，こういう感じだったなー」（うん）「こういう感じだなー」とよく味わってみるとどうでしょうか。

F18：〈沈黙30秒〉…　うん，うん，そうですね。なんかこうー暖かくなる感じ……（うーん，暖かくなる感じ）それとうん，そのこの絵の（うん）うん，あの「ほうかむり」の後ろ姿とかね（うん），帯，野良着に着ける帯の結び具合とか（うん），あのーああいう雰囲気が，こう懐かしいっていうか。

L19：あー，帯の姿の（うん）結び方が懐かしい。うん，うん。それは，あの，お母さんが，そういうような感じだったんですか。（そうですね，うん，そうです）お母さんが（うん）うーん。

F19：うん，何か，びしっとしてないんやけど（うん）どっか暖かい感じ……。

L20：うーん，びしっとしてないけど（うん）どっか暖かい。うーん，お母さんに対しては，こうどういう感じっていうか。もしそういうのがあったとすれば（うーん）どんな感じ……。

F20：そうですね。……普段はあまり，うーん，優しいとか思わなかったけど，そのときやっぱり（うーん）うん，いいなあって思って。

L 21：うん，いいなあって，うん。
F 21：普段はあんまり好きじゃない，好きじゃないっていうか，好きじゃなかったけれど。
L 22：あー，普段は（うーん）あんまり好きじゃなかったけれど（うーん）うーん。好きじゃないというのは，どういう感じの好きじゃなさっていうか。
F 22：ぐずぐずしてたからでしょうか（うーん，ぐずぐずしてた）うん……ぐずぐず（うん）自分の意見をはっきりいわない，ぐずぐずした人という。
L 23：うーん，自分の意見をいわない（うん）そういう意味でのぐずぐずした人。
F 23：うーん，そしてまあ，仕事もゆっくりというかね。何か遅いっていうように感じてたのかなあー。
L 24：うーん，仕事も何かこう（うーん）遅い。うーん，うーん，何かぐずぐずっていう感じが（うん）よく表れてますか。
F 24：あーそうですね。ぐずぐずですね。（あー，ぐずぐず）そう，ぐずぐずがぴったりですね。そのことで腹を立てたり，悔しかったり，情けない思いがしたり，〈沈黙55秒〉… 今何かおなかの当たりで何かあるように感じます。うーん，いくつか層になったものが……「層になったものがあるなって」そこに気持ちを向けていたら，腹を立てたり，悔しかったり，情けなさを感じる下にまだ何かあるようなそんな…。〈沈黙58秒〉
L 25：情けなさを感じる，その気持ちのもう1つ下側に，何かお母さんに対する何か気持ちが，あるとすれば何かあったんでしょうか。
F 25：うーん，何か，母と張り合ってたような自分があったかなー。
L 26：うん，何か母と張り合ってたような自分があったかなー。（今思うと，ずーっと張り合ってた）今思うとずーっと張り合っていた。うーん。

(4) 「絵」をながめ，「層になっているもの」を「そこにあるなー」と感じ続けていると，母に対するいろいろな思いがポツポツと出てきて，それを語りたくなり，言葉にすることで母との長い道に気づかされていく。

　フォーカサーの言葉のみ記録を追って記すと，つぎのようである。

F 34：ただ，飛びついて甘えたい気持ちがありながら，それができず攻撃的なことばで張り合っていたような……。

F 35：自分の中で何かぼんやりと，気がついていたが，自分から近寄る術がないように感じてたのかなあ。

F 41：〈沈黙18秒〉…　甘えられなかったというより，家のなかの関係が私が甘えられないようにできていると幼い頃から感じてしまっていたようにね，うん，思い込んでいたんですよね。〈沈黙58秒〉

F 42：今あの…その「絵」が急に大きく，こう目の前へ迫ってきたんですけどね。飴玉をもらって親子でくつろぐ時間，何か私には大切な時間，何かねね。

F 45：うーん，うん。そうですね。もう少し穏やかな，ほわーとした少女時代を送れたかなー。

　（5）　その「絵」を急に大きく感じ始め，それを続けていると，先程感じていた「層になった部分」が自分のからだのなかで何か丸い物に変化し，空に向かって吸い込まれていくようであった。その感じは穏やかで，スーと澄みきった感じであり，その「澄みきった感じ」を覚えておくところで，このセッションに一区切りをつけたのである。穏やかで澄み切った感じというのは，長い道程，お互いに傷をつけあいながらも一緒に歩むことをやってきて，今やっとたどり着いた自分と母との関係のような気がしている。「あー，そうだったんだ」と何かほっとするものがあった。

　最後の部分の記録は，つぎのようである。

F 54：今ですか。多少どこかにチクッとしたものを残しながらも全体は丸い感じかな。

L 55：うーん，全体は丸い感じ。

F 55：それで，どこかに飛んで行きそうな（うーん）

L 56：それは方向はある程度わかっているでしょうかね。感じとしては。（はい）うん，方向がわかってる，で，その方向に飛んで行く。うーん。こう飛んで行ってどんなふうになりそうでしょうか。想像してみると。

F 56：そうですね。空に吸い込まれて行くかなー。

L 57：はい，はい，（うん）空に吸い込まれて行くのを（うん）少し想像して

みて，(うん) その時どんな感じかちょっとご自分のなかで，あの想像して，味わってみると，そんなことできるかしら。
F 57：うーん，何かすうーと (うーん) 穏やかな気持ちですね。(うーん) すーと (あー) すーとした感じ……。
L 58：すーとした感じ (うん) はい (うーん，澄みきった感じ) うん，うん，澄みきった感じ。はい，そしたら「こういう感じだなぁ」ということで，その，ねー，澄みきった感じをよく覚えておくようにしてみるというのはどうでしょう。〈沈黙43秒〉… で，自分のなかで，何か一区切りつけそうでしょうか。(そうですね) ゆっくり……よろしいですか。ここでちょっと一区切りつけてみて。
F 58：はい，はい，今の感じを大切に覚えておきたい気がしてます。

● 3　絵画をとおしてのフォーカシングによる自己理解・変化

　以上，記録を追いながら約40分間のセッションをふりかえってきた。ここで感じたことから，自己理解・変化につながるような点をいくつか記してみると，つぎの通りである。
　①「夕映え」という絵を選んだことが，そのときの自分にとって大変大きな意味があったということ。1枚の絵から，「ほっとした感じ」を受け，それにどこかでずーっと触れ続け，いろいろな思いを言葉にしていったが，最後に近づき母との関係を「あー，そうだったんだ」と気づき，ほっとする。初めの「ほっと」と後の「ほっと」が同一の感じか否かは明確ではないが，私にとって大切なものであったことは確かである。
　初発語を大切にしている，日常の自分のあり方の確認にもなった。
　②選ぶことは，そのときの自分のフェルトセンスにほかならない。一方の側からいえば，そのときどき瞬間に，またはゆっくりと，あるときは綿密に，別のときは漠然と諸事を選んでいるかに思っていたが，どんなときも何らかのフェルトセンスで，いろいろなことを選んでいる自分にも気づいた。それらのことから，そのときどきの自分の決定を信頼していいかなという思いが深まった。
　③「何か，ほっとした」感じから，母に対する情けなさ・ぐずぐずした人と

いう思い・悔しさ・張り合う気持ち・腹立たしい思い・甘えられなかった等普段表現しない（できない）気持ちが言葉となったが，それをそのまま受け入れ，かつ伝え返すという（すなわちフォーカサーである私の気持ちに沿いつつ伝えられる）リスナーの関わりの中から，それらの気持ちを自分のものとしつつ，さらに，「何か澄みきった感じ」を味わい，母との関係に新しいものを感じて終わることができた。

　最後に，このセッションを一緒に歩いてくださったリスナーの方に感謝の意を表し，終わりにする。

参考文献
伊藤義美　2001　自分にとって重要な絵や写真を用いたフォーカシングについて　心理臨床―名古屋大学教育学部心理教育相談室紀要―, **16**, 11-17.

　　　　　　　　　　　　　　　　　　　　　　　　　　　　　森尾邦江

第14章

フォーカシングとの出会いと日常生活での活用

● 1　フォーカシングとの出会い

　私がフォーカシングに出会ったのは，6年前ぐらいのことである。アン・ワイザー・コーネルのワークショップだった。身体の感じに聴くというのがおもしろくて，ついつい引き込まれていった気がする。そして，グループでも，日常生活のなかでも，個人でもフォーカシングを取り入れられるところが気に入った。

　最初は，何か不思議な体験ばかりで，ピンとこない感じがしたが，体験を深めることによって，今ではなくてはならないものになりつつある。自分なりに今までの体験をふりかえり，自己をみつめていきたいと思う。

　初めは，ある相談所で何回かフォーカシングの体験をするなかで興味をもち，自分なりに気になる事や身体の感じを浮かべて自己をみつめていった気がする。ここでは自分の体験をとおして感じたこと，変化した様子を伝えてみたいと思う。

　まず，フォーカシングに興味をもったのは，気になる問題を浮かべることにより，身体の感じに聴くのが何か自分にあっている気がしたからである。日頃の肩こり，腰の痛み，だるさや倦怠感など，身体は正直である。それに対して自分が気づいていないだけで，それぞれ意味があることを知った。

　ウォーミングアップで身体の部位ごとに全体を聴いていくことから始めるのだが，最初は身体の1つひとつの部位を感じられず，何かわからないことが多かった。しかし体験を進めるごとに何か浮かんでくるものがあり，自分の身体に聴くことができてきたように思う。ゆっくり体験を増やすことにより，日々

の日常とからみ合わせながら、自分をみていく手だてとしてフォーカシングを使っていた気がする。

体験としてのフォーカシングで、ウォーミングアップは日常の緊張をほぐすには、とても有効的だった。少人数で床に横になってそれぞれの身体の部位について聴いていくのだが、頭からつま先まで、足の裏、かかと、ひざ、太股、背中、腰、肩、胸など細かなところを丁寧に聴いてもらうことによって、身体のなかの何かある感じに気づき、それと付き合う姿勢みたいなものが出てくるきっかけになったかと思う。静かにしていると漠然と出てくる感じを知り、意外と普段感じていなかったので、それぞれの各部位に感じがあるのだと、ウォーミングアップをとおして改めて知ることが多くあった。頭の重い感じ、手の暖かい感じなど意識していなかったことを、ことばに表してみることでわかることがあるのだと知った。

● 2 フォーカシングによる自己理解

では、実際にフォーカシングを使って私自身感じたことを、具体例をとおしてみていきたい。

1．空間づくり

まず、空間づくりについてみていきたいと思う。ここでは、Fはフォーカサー（筆者）、Lはリスナーを示している。

【記録1】
L1：身体をほぐしてもらってリラックスしてもらって、腕や手の状態がどんな感じか感じてみましょう。足やつま先にも注意を向けてみましょう。
F1：肩がこっていて、首のまわりにこりがある感じがする。
L2：肩がこったり、首のまわりにこりがある感じがする。
F2：足のつま先が湿った感じがするかな。
L3：床と触れている感じの部分に気持ちを向けてみましょう。
F3：座布団を引いている感じがする。畳に手と足がついている感じがする。

手に力を入れている感じがする。
L4：手に力を入れている感じがする。注意を身体の内側に向けていきましょう。のど，胸，おなかのあたりはどんな感じですか。
F4：のどは，多少詰まった感じがあるのと，胸はあんまり感じない。
L5：胸はあんまり感じない。
F5：胸はあんまり感じないかな。おなかは肉がついている感じがする。
L6：おなかは肉がついている感じがする。
F6：のどは詰まっている感じ。のどは詰まってカラカラという感じ。のどの渇いた状態。
L7：身体の真ん中の部分に注意を向けながら，あなた自身に「やあ，こんにちは」とあいさつしましょう。
F7：はい。
L8：今どんなことが気になっているだろうか，自分に尋ねてみましょう。

　記録1については，身体の非常に細かい部位を具体的に聴いてもらっているなかで，身体について感じることは，まず，日常の身体のなかのこりが意外と意識に出ていることと，それについて自分が意外と正直にいってる事が多くあるということである。
　このことは，肩や首まわりに頑固なこりがあり，自分が意識していた以上に何かあるなという感じを残した。ことばで表現していることはさらっと流しているが，自分の身体の感じとしては，けっこう頑固で重いこりをもって感じていた気がする。つま先は，湿った感じだがあんまり気にならず，むしろ手に力を入れている感じがあって，何か日常のなかでも力を入れて力んでいる自分があるのに気がついた。それが肩や首すじのこりともつながっていて，頑固にのしかかっている感じがした。
　そのときは，何気なしに聴いてもらっていたが，後で，自分のなかを整理していくと，そういうものが漠然とであるがみえてきた気がする。
　最初は，身体のまわりから内側に向けていってもらったが，内側にいくとのどに詰まりがありそれが気になっていた。内に入るに至って，自分には1つわだかまりがあり，それをみていかないと解決の糸口が見出せないかとも思った。

記録では，さらっと流した感じでいっているが自分では意識していないことが内側にひそんでいて，それに少しずつ距離をとってみていかないと，という思いを，フォーカシングをして改めて感じた気がする。フォーカシングによって，自分で気づいていないことを身体をとおして聴いていくことにより，自分の中で意識していないことが出てきている感じがした。

　日常の生活のなかでは，自分をゆっくりみつめる余裕がなく，日常の生活に流されたり，人に対しても不本意ながらでも自分を抑えて合わせるところがあり，意外と窮屈な自分があるにもかかわらず，無理をして頑張っている自分があった。気づかず流れにまかせてやっている毎日だが，フォーカシングをとおして身体に聴いてみると，正直な自分が出てくる気がしている。

　特に空間づくりで，物事や対人関係に距離をとって置く作業をすることにより，自分のなかで近づきすぎて見失っているものも，適度な距離をとると自分に対する見方も余裕ができ，よい方向性にいくための手がかりや手だてになることがわかった。

2．身体の感じと日常のストレス

　つぎに，記録2をとおして，身体の感じが日常のストレスとどうかかわっているのかを述べる。

【記録2】

L1：じゃあ，少しこのゆったりとして，余分な力や緊張があれば，そういうものをゆるめたりなくしたりして，ご自分のなかで少しフォーカシングをしてもいい状態をつくってもらうといいなという気がします。

F1：はい，いいです。

L2：ご自分の中で少しみつめてみたいというのがありましたらそれを聞いてもいいですし，今の身体の感じみたいなものから入っていくこともできるかもしれませんし，何かこういうふうにやってみたいなというものがありますか。

F2：最初は仕事のことをいおうかなと思いながら，右肩に何か力が入っているなあ～。肩がこっている，それもいいかなという感じがしています。

F3：仕事のこと，右肩がこっているな。

（中略）

F 10：やっていけるかな。
L 11：職場の新しい状況のなかで自分はどんなふうにやっていけるのだろう。そのようなことでしょうか。そのことを少しフォーカスしてみるとどうでしょう。
F 11：最近肩がこる，そのこともあったけど，最近けっこう気を使っているかな。また人間関係が大変なんで，肩がこって身体がしんどいのかな。風邪もこんなにも早くから引くはずないのに引いちゃったし，体力が弱っているという気がする。
L 12：それも1つあるのですね。その職場の新しい状況，身体のこと，他に。
F 12：他はない。身体の状況で自分がようやってるのかなあ〜。
L 13：なるほど。
F 13：なんかどっちもつながってる感じがする。
L 13：どうしましょう。どちらかか，2つをどちらもひっくるめて。
F 14：そうですね。どちらかというよりひっくるめて。
L 14：ひっくるめて。じゃ職場での新しい変化，役割ということと，そのことと無関係でないかもしれない，身体の調子みたいなもの2つ含めて，いろいろなことが関係したりつながったりしているかも知れませんね。どうでしょう，そういったものを少しゆったりしながらみつめてみる。全体をゆっくりみつめてみる感じで味わってみると，自分のなかでどんな感じがあるかみつめてみるとどうでしょうかね。
F 15：首もこってくる。身体が重い感じ，身体全体。
L 15：身体全体にあるって，どこがですか。
F 16：身体全体ですね。
L 16：全体が重い感じ，そういう感じとしばらく一緒にいて触れているとどうでしょう，どんな感じなのでしょう。
F 17：身体は重い感じ，鼻も詰まってくるし，のども渇いてくる。風邪のせいもあるんやけど…。

　記録2から，このときの身体の感じとしては，右肩のこりを感じつつ，風邪

をひいていて身体が重くだるい感じがすごくあった。このとき新しい職場に慣れず，自分の立場が中途半端なところにあったような気がしていた。交代制で，病休をとる人が多く，日程を組んでもきつい状態でいたときで，若い人たちとの人間関係をどうつくっていったらよいか悩んでいた頃に体験したこともあり，気持ちがごちゃごちゃした感じで，身体のしんどさを訴えていたように思う。

このときも，記録1と同じようなことを後で感じていた。それは，人手も足りず忙しくて人間関係で疲れていたときにやった内容なので，身体の感じと仕事でのことは関係があり，つながっていた気がする。身体の感じと気になることが一緒になって日常のある場面とつながり，日頃の仕事状態がストレスになり身体に影響しているのがわかった。

記録1，2より，普段ではさほど意識していない身体の感じも改めてフォーカシングをすることにより，身体の各部位に色々な感じがあり意識していないだけで，経験を重ねていくごとにある感じに気づき，それが日常生活のいろいろな仕事のストレスとつながっている気がした。空間づくりをすることにより，ある一定の距離を置くことができ，離れて客観的にそのことをみつめることで余裕ができてくる気がした。

3．フェルトセンスから

では，フォーカシングのなかから出てくるフェルトセンスについて記録3をとおしてみてみることにする。

【記録3】

F10：おなかと手が暖かい感じ。他は，痛かったりこわばっている感じ。おなかと手が気分がいいな～。

L11：おなかと手が気分はいいな～。あとは痛かったり，こわばったり…。

F11：今はおなかと手の感じでいるのがいいし，そこからしばらく味わってつぎに向かいたいな～，という感じ…。まわり全体のこと気にせずに，感じを味わってみます。

L12：ちょっと頭がすっきりした。

F13：頭をすっきりさせると，山の上の崖に立っている。けっこう怖いんやけど，見晴らしもいいし好きなんですよね。

（中略）

F 17：ある気持ちを十分いえてるなーという気持ちを，満足度と満ち足りた気持ちというのも十分味わえると気分が楽になるかな。まあ，そこら辺をこう自分で実感としてもてたらいいでしょうねぇ。ある程度自分の気持ちが伝わっているかがわかればよい。どっかで期待大きすぎるのかな。こうあって欲しい自分の中の気持ちが強すぎて，そうならないときの落胆が怖いのかな。けっこうあるんですよね。

F 18：相手がしゃべれてるという満足感を十分に味わうと，もうちょっと自信をもってやれるかな。

　記録3より，身体に何かの感じが出てきてそのフェルトセンスを味わってみると，日頃のことだけではなく，自分の今まで満たされてない部分が出てきて，それともうまく距離をとりコントロールすることが大事だということがわかった。フェルトセンスを味わい，十分に満たされた気持ちを感じると，自分のなかのネガティブな部分からポジティブなことが少し出てきて，つぎに向かいやすくなると思った。

● 3　フォーカシングを日常生活に活かす

　フォーカシングを通じて，自分のなかに距離をとること，そして肯定的に向かう手だてになることがわかった気がする。自分の思いを大切に，生活のなかに今後もフォーカシングの経験を増やし，活かしていきたいと思っている。

　また，身体に感じることを大切に，フォーカシングを1つのめやすにして日々の生活のバランスをとっていきたいと思っている。

小嶽久美子

第15章

フォーカシングで夢を体験し直すこと

● 1　はじめに

　自分とは何だろう。何を求めているのか。どう生きたいと願っているのか。そういう問いに出会うとともに，さまざまな人格理論に自分をあてはめて納得したり，対象として自分を捉えたりするのではなく，自分の直接の体験から，自分に出会うことはできないだろうかと考えていた。日々刻々と変化し続けている，自分に触れるという感覚を追い求めていた。

　今回，2つの夢がつながっているのではないかというフェルトセンスにフォーカシングすることで，この夢と自分の日常，あるいは意識を本当に自分の体験にするとはどういうことなのかということを考えてみたいと思った。夢の体験を思い起こし，そのフェルトセンスと付き合い，それまでの自分の体験と照合したりすることをリスナーとともに試みたともいえる。

● 2　夢フォーカシングの逐語録

　連続して見た「捕まる夢」と「講演会の夢」の2つの夢が，1つのイメージとメッセージとしてあったことがフォーカシングによって明らかになった。

　　リスナー（以下，Lと略）：Aさん　フォーカサー（以下，Fと略）：筆者

L1：自分でフォーカシングしやすいような姿勢とか，間の取り方，そんなことをやってもらって，準備ができたら教えてもらえるかな。

F1：いいです，夢を説明します。

F3：最初の夢はJ．と2人で車に乗っていて，若い人が道端で何かやってい

て，困っているようだったので，降りて行くんです。藪のようなところに入って行って，1軒の家にたどり着き，そこの人と話をしているうちに，さっきの若い人たちが来て捕まえられてしまうんです。どこかの宗教団体のような施設に連れて行かれ，そこからバスで移動させられるんですが，そのバスが途中で事故を起こし，近くにあるユースホステルのようなところに押し込まれて，ずーっと監視されているんです。なんとかして逃げなきゃっていう思いが頭から離れないんです。ユースホステルのようなところは，私の育ったところのリアス式海岸のようなところに建っていて，そこに母親がふーっと現われるんです。顔を見合わせて，まあって感じで。私はこれで助かった，逃げ出せるって，ほっとしているんです。

L4：（夢の要約をして）その夢は，全体としてはどんな感じ？

F5：追いかけられたり，監視つきだったりする，そういう状況から，自分が解放される，解き放たれるっていうか，そういう感じです。

L6：監視されるものから解き放たれるようなそんな感じ。その感じはどの辺にあるのかなあ。

F6：全体かなぁ，がちがちになって，押し込められて，全体といえば，全体かなあ……。

L7：がちがちのような全体の感じがあるんだけどそれちょっと置くとしたら，どこか置けそうなところあるかな。

F7：〈沈黙15秒〉…　それは別にどこに置こうにも，この辺に置いてもいいし，離れます，それは（うん，うん）

L8：もし仮に置くとしたら，今，前の方に置く仕草があったんだけども（うん）

F8：うん，それはなんか無造作にその辺に置けるなという感じ（うん）

L9：無造作にね。今の表現だと，左の前の所に無造作に置けるかなって感じ（はい）ちょっとそこら辺に無造作に置くことできるかな（うん，できます，はい）置けた？（はい）そしたらそれちょっとそうやって置いといて（うん）2つ目の夢の方に行けるかな。（はい）

F9：もう1つの夢はつぎの日に見た夢なんですけど，私が大勢の人の前で講

演か何かをしているんです。自分の体験を話してほしいって頼まれたんだけど，会場に行ったらそうそうたるメンバーの中になんかずぼっと1人入っているっていう感じで，なんかどうも雰囲気が違って，話しだしたら違うって顔をしだして，私は慌てて急にガチガチになって会場に職場の同僚の人も来ていたので，「みなさんすみませんけど，上がって来てもらえますか」っていって来てもらって，私は1人ひとりを紹介しながらそれぞれの方から話してもらうっていう感じで，ふーっとすることができて，その場を収拾することができたっていう夢でした。

L 10：（夢の要約）その夢の全体から来る感じはどんな感じかな？

F 10：自分なりの仕事に対するやり方みたいなのがみえてきて，自分が楽になったっていうか。仕事のところは仕事のところで，自分の日常の感情の中にもち込まないっていうか，切り離せているっていうか，失敗してもそのことをフォローするようにしてやっていけるっていうか，きちんと交渉できるっていうか。

　（夢からの連想される日常の出来事を15まで語る）

L 15：そうするとその2つ目の夢の全体っていうのは，全体の感じっていうかな。

F 16：〈ため息〉あの，全体としては自分が信じられる，人が信じられるようになったとか人が怖くなくなったっていうか。

L 18：全体としてね，人が信じられるようになったとかいうような話もしてたんだけど，そのどんな感じ，感じとしていうなら。

F 18：うーん〈沈黙55秒〉…人も自分と同じ，自分も人と同じって感じかな，ことばがかたいんだけど。

L 19：それはもう少しより感じに近いことばでいうと，どんな身体の感じ，そういう表現に近いような。

F 19：〈沈黙15秒〉…それはちょっとわからない。

L 20：そうしたら今のままで，人も自分も同じと，そんな感じで今あるんやなと，そんなとこみたいやね。

F 20：あ，それはこの辺にあるよ。〈お腹のあたりを指しながら〉

L 22：お腹のところ，ぐーっとこう（あのウインナーの太いのみたいな感じ）

ウインナーの太いみたいな感じ(フランクフルトみたいな感じの)ある。その感じっていうのはどこかに置くことできるかな(うん,置ける)どの辺における？

F 22： こうベルトみたいに身体から浮いているのか,離れているのか,輪っかになって外には出ている。

L 23： その外のベルトの辺みたいなところでちょっと出して,うん,置けるという,置いてみたなっていう感じがでてきたらいってくれるかな。

F 23： それはもう,そこにそういう感じであります。はい。

L 24： そしたら,最初の夢の全体の感じそのものと,それちょっと今,左の前のあたりに置いてみたと思うんだけど,その左の前ら辺に置いてみたその感じと,それから今のその大きなウインナーをベルトみたいなところに置いてあるのと,その両方が見えるところに(うん)自分ちょっとこうイメージだけど移動してみることできるかな(うん,はい,はい)そうしたらその両方をこう見ながら,ゆっくりと両方のなかで何かこう伝わってくるものとか(うん)両方がどんな動きをしてくるのか,そんなことがあれば(うん)まず,ゆっくりとその2つがあるよなというふうなことを確認して,それがなんかこう動いてくることがあれば,それを自分で確かめてもらえるかな。

F 24： 〈沈黙2分45秒〉… うーん〈沈黙20秒〉… 2つの力っていうのが自分の中にあって,それがお互いにせめぎ合っているみたいな感じ,形を変えながらエネルギーを出し合っているっていうか。1つは自分を閉じ込めようとする力と,もう1つは自分を信じようとするようなエネルギーのようなもの,なんかそういうのっていうのがせめぎ合っているっていうか。

L 26： せめぎ合っているみたいな,自分を信じるというものと。

F 26： それはこの辺の(うん)それからやっぱり,その自分がガチガチになってて,自分でなんか自分を不自由にしているみたいなっていうのは全身のこの辺のところ(うん,うん)それがなんか自分のなかで,あの,やっぱりガチガチになりながら,それでもなんかやっぱり信じ合いたいっていうか,自分を信じたいような(うん,うん)なんかエネルギーみ

たいなものっていうか，なんかそういう感じでせめぎ合っている，そういう感じがしている（うん）

L 27：なんかこう，せめぎ合うっていうのは（うん）こうお互いに攻撃するんじゃなくして（うん）お互いにこうなんか。

F 27：ああそう，あのバランスを取り合っているっていうかのかなぁ，やっぱりそこのところでせめぎ合っていて，そのなんていうの，バランスをとっているっていうようなそういう感じ。

L 28：自分を信ずるという（うん）そういうものと（うん）それからなんかガチガチになる自分……全体的にそういう感じがある（うん，うん）それがこう，なんか（うん）お互いに遠く離れているんやなくして（うん）こう，ひっつき合いながら（そう，そう，そう）バランスをとりながらいると（うん）そんな感じ。

F 28：そうなんか，1つの円のなかでこう形を変えながら，こういうふうになんか動き合っている（動き合っている）そう，なんかそういう感じ。

L 29：その動き合っている（うん）せめぎ合っている……そこのところをもう少しゆっくりと味わってみて，十分にこう味わいながら，そこからね，何か出てくるものっていうのがあれば（うん）出てくる言葉でもいいし（うん）新しい動きでもイメージでもいいんだけど（うん）そんなんがあったらちょっとまた教えてくれるかな。

F 29：うん，あの〈沈黙1分55秒〉…これを見ていて，つぎに何が出てくるかもわからないんだけれど，このイメージっていうの，こんなふうに思っていなかったから〈笑い〉ほんと考えてもなかったんで，このイメージっていうのがすごく大事なんですよ（うん）自分のバランスをとるというところの意味では（うん）すごく大事なんでそれをちょっと自分で，あの。

L 30：進めるというよりもそこのところを（そう）ゆっくりと大事にしたい，しておきたいなっていう。

F 30：そうです（うん）そういう感じです。

L 31：そういう意味ではなんかバランスをとり合っている，それをみつめていると，これはとても大事なんだよなっていう（うん）そんな感じをも

っている，あるいは。

F 31：感じをもっているっていうか，まず，なんか自分で驚いている（うんうん）それが大事なんだって感じがするんだけども。そっから出てくるものにいくと，また流れてしまう感じがする。そのことよりも出てきたものを，びっくりするのをなんかやっぱり受け止めたい。

L 32：バランスをとり合っているっていうことを自分の中でもう一度繰り返し，その事を確認しながら（うん，そう）そのための時間をゆっくりと使いたい（そうです）それが自分の中で十分確認できた，受け止められたなっていう，そんな感じがあったら教えてもらえるかな。それまでそのことを大事にしたいと思う。

F 32：〈沈黙1分55秒〉…　私，何かいろいろ考えちゃって，2つの夢は自分のなかのバランスとして（うん）メッセージを送って来ているっていうふうに自分でいったんだけど，それがやっぱり腑に落ちない。わかるんだけどやっぱり信じ切れない（うん）意識的にはつながっているって感じはしていながらも（うん）どういうふうにつながっているのかっていうのはまったくわからなかったんだけど，そのことが今，自分のなかの自分のバランスとしてあるということが，自分でありながら（うん）私以外の誰もやりようのないやり方で，そんなこと，あの，信じ切れないっていうとおかしいんだけど，信じ切れない（うん）起こったことを信じ切れないじゃないんだけど〈ため息〉あの簡単なことばでいうとすると（うん，うん，うん）その事っていうのは自分のなかの力としてあるっていうのが，それは自分を越えたものなのかもしれないんだけど，なんていうの信じ切れない，信じ切れないんじゃないんだよね。何ていったらいいのかわからないんだけど，自分でやってる以前の何かっていうか，私よくわからない，これ。

L 33：自分でやっているんだけど，自分だけの力じゃないような（うん）そんなものが働いているっていうか，あるっていうか（うん）そんな感じ（うん，うん）

F 33：そういう感じなんだけれども，でもそれよくわからない。だけどもでも，自分にしかわからないメッセージだし，自分でやってる……なんて

いうのよくわからない。

L34：なんかよくわからないけど（うん）みつめてみようとするとよくわからない部分があるんだけど（うん）なんかすごい体験っていうか，そういうものはあるんやね（うん）

F34：あの枝を切り払ってみたら，やっぱり幹がすくっとあって，その幹はからみ合っていたみたいな（支え合っていた）うん，支え合っていたみたいな，イメージとしてはそういう感じなんだけど。

L35：それに解釈をしようみたいな感じがあるのかな。〈笑い〉（解釈）

F35：あの，やっぱり信じ切れないものは信じ切れないんだよね，その，そういうふうにいってきたそのものが，うん。

L36：信じ切れない気持ちがあるんだけど，まず1つ信じられない気持ちがあるという形を1つ，自分のなかで確認して，信じられない気持ちにそうだなっていう形で語りかけて，ちょっとその辺を受けとめてみるっていうか，信じられない気持ち（うん）そしてもう1つは実際出てきたところのもの（うん）それを，うん，こんな気持ち出てきたんだよなっていう。

F36：〈沈黙1分05秒〉…こんなにはっきりしているのに……信じ切れない……。

L37：あの，今出てきた気持ちがさあ，事実あるんやなあ，それが1つあるよなっていう感じと，それからもう1つこんなん信じられないみたいな気持ちが，2つあるんだよね（うん）その2つ，2ついてもいいよみたいなさあ（うん）そういうことはできる？2つがそのまま，どっちかにどうこうなるんじゃなくして（うん，うん，うん）じゃあその2つにそのまま置いて，2つそのままいてもいいよみたいな，2つ置いて呼びかけをして，そいいう形で置けたら（うん）ちょっといってもらって。

● 3　夢フォーカシングをふりかえって

1．フェルトセンスについて

私はややもするとフェルトセンスに対してシフトが起こることのみを望んで

いたり，求めているようなところがあった。しかし，わからないことをわからない感じのまま，性急に言語化しようとしたりイメージ化しようとしたりせず，記憶し，もち続けていること，抱き続けていられること，そのことそのものが，私自身をより全体的な，生命体としてうごめいている何かとして捉えることが可能になることにつながっているのではないかと思う。フェルトセンスの戸惑い，迷い，優柔不断さをも大切な事として受けとっていくことが必要ではないかと思う。

2．イメージについて

フェルトセンスに触れ続けていると，そこからイメージが自然にわいてくるようなことがある。そのイメージがはっきりしなかったり，断片的であったりすることにより，自分にとって意味のないもの，価値のないもの，日常に結びつけられないものというような理由をつけて，打ち消したりみようとしなかったり，感じないでおこうとしたりすることが多かったように思う。しかしここで得られた，せめぎ合っている，うごめいているもののイメージは，そこから消し去りようもなく自分のなかに存在し続け，形を変えながら，日々刻々と動いていて，触れようと思えば触れられる，という親密な感じをもち続けている。私にとってまるで割れたガラスの破片のようなイメージであるが，そのようなイメージが実感のあるものとして，自分のなかにあるということを素直に認めていくことが，自分自身と自分の日常の諸々とを結びつけ，現実的に生きるということの橋渡しのようなことをしているように感じられている。

3．リスナーとの相互作用について

L4とL10で（夢の要約）として省略したが，夢の内容を丁寧に伝え返してもらうことで，十分に理解されているという感じをもった。しかし，その細部に焦点をあてるのではなく，全体としてのフェルトセンスを感じ，それを各々，自分から離してみて，さらにその2つを同時にみることのできる位置に視点を移して，全体としてながめてみるという提案をされた。自分というものからなかなか離れられない私ではあるが，こういう視点の体験をもつことで，自分と自分とのつながり自分と他者とのつながり，自分と周囲とのつながりと

いうようなことを感じられたと思う。そしてまた本来的に身体は，そのつながりのなかで生きていて，注意を向ければフェルトセンスとして伝える能力をもっているのではないかと思う。

　夢からのメッセージが，私のなかでバランスを取り合い，1つの生き物のようになりお互いに支え合っているということが，私にとっては全体として驚きであった。そしてそれは，私以外の誰もがやりえないようなやり方で，私にしかわからないような事を伝えてきているということも，さらなる驚きであった。その2重の驚きは，それ故に信じられないという感じを喚起したが，そのことそのものが，私だけの力ではないものが働いているような感じとしてあり，それがリスナーとの相互作用でもあったかと思う。

参考文献
伊藤義美　1995a　夢のフォーカシング・セッションの事例研究　情報文化研究　名古屋大学情報文化学部・大学院人間情報学研究科紀要　創刊号, 45-64.
伊藤義美　1995b　フォーカシングによる成人女性の夢解釈の一例　心理臨床―名古屋大学教育学部心理教育相談室紀要―, **10**, 37-45.
増井武士　1988　フォーカシングとその技法　現代のエスプリ　No.253　カウンセリングの技法　至文堂　pp.55-68.
村山正治編　1991　フォーカシング・セミナー　福村出版

渡邉邦子

第16章

重要な「ことば」についてのフォーカシング

● 1 「ことば」や「絵」についてのフォーカシング

　フォーカシングは人間の精神活動に密接にかかわる心的プロセスなので，絵，音楽，小説，詩，短歌，俳句，ことわざ，写真，シンボルなどをフォーカシング的に体験することができる。芸術作品や宗教的作品でも，また日常生活における身近なものでも，その対象には広がりがあり，その体験に深みを期待できるのである。特に対象が「ことばや語句」や「絵や写真」である場合にフォーカシングを行う際には，図16-1と図16-2の教示や図16-3のふりかえりシートを活用することができる。

　第13章では「絵画」についてのフォーカシングが報告されているので，本章では，日常生活のなかでの身近なことばや文学作品のことばなどでも自分にとって重要な「ことばや語句」がフォーカシングによってどのように扱えるかを示し，それが豊かで意味ある体験をもたらすことを事例によって明らかにする。フォーカシングでも，その特定のステップを主として用いるミニ・フォーカシング（Mini-focusing）と，体験過程として一区切りつくところまで行うフル・フォーカシング（Full-focusing）がある（伊藤，1999 a, 1999 b, 2000など）。個人でも小グループでも，またミニ・フォーカシングとフル・フォーカシングのいずれによっても可能である。

● 2 重要な「ことばや語句」についてのミニ・フォーカシング

　つぎに挙げてあるのは，他のフォーカシング・パートナーとペアになり，図

第16章　重要な「ことば」についてのフォーカシング

自分にとって重要な「ことばや語句」についてのフォーカシング

1. 自分にとって重要な「ことばや語句」を選びましょう。
2. ゆったりと座って，リラックスして楽にしましょう。
3. 静かにして，ゆっくりと手の感じや足の感じに注意を向けてみましょう。
4. ゆっくりとからだの内側，のどや胸やお腹のあたりに注意を向けましょう。
5. 自分が選んだ「ことばや語句」を思い出してください。この場合，別の「ことばや語句」にしてもかまいません。
6. 自分に向かって，その「ことばや語句」をゆっくりと繰り返しましょう。その「ことばや語句」によって自分のなかにどんな気持ちや感じが起こるかじっくりとからだで感じてみましょう。
7. その「ことばや語句」を繰り返しながら，自分の気持ちや感じを表わすぴったりのことばやイメージを浮かばせてみましょう。
8. ゆったりと自分の気持ちや感じをそのまま感じていましょう。そこになにか「もっと」ありそうかどうかに注意していましょう。優しく，友だちのように気持ちや感じのそばにいて，よりそうように感じてみましょう。
9. 気持ちや感じがわかったら，つぎのように問いかけてみましょう。『この「ことばや語句」のどういうところから，こんなふうに感じるんだろうか』。(間) または『自分にとって意味があるのは，この「ことばや語句」のどういうところだろうか』。
10. 自分の気持ちや感じに問いかけて，ただそのまま何かが返ってくるのを待ってみましょう。(間) その応えをゆっくりと繰り返して，気持ちや感じの方でもその応えにしっくりするかどうか感じてみましょう。
11. ここで最初に選んだ「ことばや語句」を思い浮かべて，それについての感じを確かめてみましょう。
12. 新しい気持ちや感じが出てきたら，それを表現してみましょう。
13. ここで出てきたことはどんなものでも，そのまま受けとりましょう。不快な気持ちが出てきたら，それも認めて，その気持ちにつきあうことを約束しましょう。
14. 自分のなかでひと区切りつけそうな感じが出てきたら，これで終わりにしましょう。
15. ここでの体験をパートナーと，あるいは小グループで話し合い，分かち合いましょう。

図 16-1　自分にとって重要な「ことばや語句」についてのフォーカシングの教示用紙

16-1の教示を参考にして，自分にとって重要な「ことばや語句」についてミニ・フォーカシングを行った例である。フォーカサー自身が図16-3のふりかえりシートを用いてその体験を自己吟味し，さらにパートナーとシェアリングすることができる。

フォーカサーAは，「情熱・熱意」を選んだ。教示5で「からだが前に傾いている」感じがしたが，それは「ひとつに集中したい感じ」であった。つぎの教示6では，「のびのびと大きくなる感じ」がした。「自分のなかにこんなに何

自分にとって重要な「絵や写真」についてのフォーカシング

1. 自分にとって重要な「絵や写真」を選びましょう。
2. ゆったりと座って,リラックスして楽にしましょう。
3. 静かにして,ゆっくりと手の感じや足の感じに注意を向けてみましょう。
4. ゆっくりとからだの内側,のどや胸やお腹のあたりに注意を向けましょう。
5. 自分が選んだ「絵や写真」を思い出してください。この場合,別の「絵や写真」にしてもかまいません。
6. 自分のなかで,その「絵や写真」をゆっくりと思い浮かべていましょう。その「絵や写真」によってどんな気持ちや感じが起こるかじっくりとからだでを感じてみましょう。
7. その「絵や写真」を思い浮かべていながら,自分の気持ちや感じを表わすぴったりのことばやイメージを浮かばせてみましょう。
8. ゆったりと自分の気持ちや感じをそのまま感じていましょう。そこになにか「もっと」ありそうかどうかに注意していましょう。優しく,友だちのように気持ちや感じのそばにいて,よりそうように感じてみましょう。
9. 気持ちや感じがわかったら,つぎのように問いかけてみましょう。『この「絵や写真」のどういうところから,こんなふうに感じるのだろうか』。(間)または『自分にとって意味があるのは,この「絵や写真」のどういうところだろうか』。
10. 自分の気持ちや感じに問いかけて,ただそのまま何かが返ってくるのを待ってみましょう。(間)その応えをゆっくりと繰り返して,気持ちや感じの方でもその応えにしっくりするかどうか感じてみましょう。
11. ここで最初に選んだ「絵や写真」を思い浮かべて,それについての感じを確かめてみましょう。
12. 新しい気持ちや感じが出てきたら,それを表現してみましょう。
13. ここで出てきたことはどんなものでも,そのまま受けとりましょう。不快な気持ちが出てきたら,それも認めて,その気持ちにつきあうことを約束しましょう。
14. 自分のなかでひと区切りつけそうな感じが出てきたら,これで終わりにしましょう。
15. ここでの体験をパートナーと,あるいは小グループで話し合い,分かち合いましょう。

注) 9. の問いかけでは,この他につぎのような問いかけも適宜用いることができる。
　① 『こんなふうに感じられるのは,人生・生活のなかのどういうところだろうか』。
　② 『このことで,最も重要なのはどういうところだろうか』。
　③ 『このことで,最も良いのはどういうところだろうか』。

図 16-2　自分にとって重要な「絵や写真」についてのフォーカシングの教示用紙

かをしたい気持ちがあるんだなー」と感じたが,一方では「冷ややかな感じ」がからだの左半分にあり,それは「生きる感じを奪い,死んでいるような感じにさせる,停滞して,やる気をなくすような感じ」だった。それが何を伝えようとしているのかなと待っていると,それは「心配している,挫折を」「情熱を傾けてもうまくいくとは限らない。良い面ばかりみてはいけない」と告げた

188　第16章　重要な「ことば」についてのフォーカシング

ふりかえりシート　　　　年　月　日

No.　　　　　氏　名：　　　　　　　　　　（男・女）＿＿＿歳

あなたが選んだ「ことばや語句」は：〔　　　　　　　　　　〕

1．この実習で，どのような体験をしたでしょう。

2．自分のことで改めて確認したことは，どのようなことでしょう。

3．自分のことで新しく気づいたことは，どのようなことでしょう。

4．この実習で良かったことは，どのようなことでしょう。

5．この実習で改善すべき点は，どのようなことでしょう。

6．あなたは，この実習について魅力と満足をどの程度感じましたか。あてはまる数字を○でかこんでください。

(1)魅力度	ひじょうに魅力がない	かなり魅力がない	やや魅力がない	わからないどちらでもない	やや魅力がある	かなり魅力がある	ひじょうに魅力がある
	1	2	3	4	5	6	7
(2)満足度	ひじょうに満足しない	かなり満足しない	やや満足しない	わからないどちらでもない	やや満足した	かなり満足した	ひじょうに満足した
	1	2	3	4	5	6	7

図16-3　自分にとって重要な「ことばや語句」についてのフォーカシングのふりかえりシート

2　重要な「ことばや語句」についてのミニ・フォーカシング　　189

（以上，教示7〜9）。再び「情熱・熱意」のことばを繰り返すと，「いい感じ」が広がってきて，「のびのびした感じ」になる（教示10）。このセッションをとおして「失敗しても受け入れる覚悟が必要なこと。何かをするにはリスクもある。覚悟をもって進みなさい」と教えてくれたのである。〔気づき〕

　フォーカサーBは，施設児で夏休みに一時帰宅する家がない子どもとの面接で，胸のあたりに感じた「せつない」ということばをとりあげた。「せつないね」と自分自身に言うと，「何もしてあげられないね」に変わった。「そうね，何もね…」と優しくつぶやくと，急にその子の元気な顔が浮かんで「強いんだぞ」という気持ちが湧き起こってきた。かれの強さを信じていこうと元気が出てきた。また，あるとき背中に「しんどい」が墓石のようにおおいかぶさっていた。重くてそのままうつぶせに寝るイメージが湧き，「重いね」と言うと，「しんどい」がからだの横に移ってくれた。さらに「しんどいね」と優しく言うと，それは泣き出した。座ってそれをそっと抱いてやると，それは赤ちゃんになってスヤスヤと眠っていった。自分の背中におおいかぶさっていたものを優しく抱くことができて，気持ちがホッと楽になったのである。〔元気が出る・ホッと楽に〕

　フォーカサーCは，かつて小さい頃から自分も言い聞かされ，他人に対してもよく口にしていた『努力』ということばを試してみた。この2文字は，自分のこれまでの達成と成長を支えてきた大事なことばであった。フォーカシングをしてみると，今は「束縛されるような窮屈さ」という新しい感じが感じられて，とても驚いた。どうやらそれは，自分の「偉大な父」と関係がありそうなことがはっきりと気づかれてきた。こうして自分の新たな側面と課題がみえてきたのである。〔新たな感じ・気づき〕

　フォーカサーDは，『とんぼのめがね』の歌詞についてフォーカシングで取り組むと，「自由」で「透明感」，「ありのままの素直さ」という感じがしてきた。「青いお空を飛んだから，飛んだから」の歌詞の部分がとても響いてきた。子どもが幼かったときによく歌った場面が生き生きと，なつかしく思い出され

てきた。なんとも言えない暖かさに包まれたのである。〔自由感・透明感・ありのままの素直さ・暖かさ〕

　フォーカサーEは，ある人から言われた『あなたは弱い。でも弱いから強くなれるね』というせりふを選んだ。そのことばを直接言われたときには，ひどくショックを受けた。その人に「わたしは弱いと思われているのか」と，否定的にしか受け取れなかった。しかし今回このせりふに取り組んでみると，今は肯定的に受け取れるようになったことが明確になった。特に「強くなれるね」の部分が強く響いてきて，身体の中に力強さが心地良い感じで広がってきたのである。〔肯定感・力強さ〕

　フォーカサーFは，若山牧水の『白鳥は哀しからずや　海の青空のあをにも染まずただよふ』にひかれて，フォーカシングを行った。特に『染まずただよふ』のフレーズが，なぜか心にしみじみと響いてきた。このフレーズの感じ（染まずただよふ）から自分の現在のあり方がつながってあらわれ出てきた。つまり，人生の岐路を前にして，選択に迷って，2つの道の間を漂っている自分の姿にぴったりと重なってきたのである。この後で，人生上の岐路で自己選択をすることができた。〔しみじみ感・気づき・自己選択〕

　フォーカサーGは，高校生の頃につくった自作の詩（『暮れなずみ　落葉舞い散る…』）を選んだ。この詩に取り組むと，自分の深いところから湧き起こってくるエネルギーの泉を感じることができ，「さあ，やろうかな！」と意欲が静かに充実してきたのである。〔エネルギーの源泉・意欲充実感〕

　フォーカサーHは，ある人からもらった色紙に書かれていた『千万人といえども　われ往かん』に取り組んだ。すると，「何か緊張感」から「重荷かな」「辛さ，喜び，悲しみなどいろんな気持ちがある」に変わり，やや足踏みした後で「光，展望がみえてきた」。そして気分がスッキリし，「『われ』は1人でなく，その背後には連帯している多くの人々がいる」ことに気づいたのである。〔清涼感・気づき〕

このようにミニ・フォーカシングの取り組みをとおして，フォーカサーからは，気づき，元気が出る・ホッと楽に，新たな感じ・気づき，自由感・透明感・ありのままの素直さ・暖かさ，肯定感・力強さ，しみじみ感・気づき・自己選択，エネルギーの源泉・意欲充実感，清涼感・気づきが報告されている。自分にとって重要な「ことばや語句」を選ぶ段階ですでにフォーカシングの作業が行われている。つまり，選ばれた「ことばや語句」にはすでにフェルトセンスが感じられている場合が多いと考えられる。明確に意識化，概念化される段階の前段階において，先行するフェルトセンスがすでに選んでいるのである。

● 3　重要な「ことば」についてのフル・フォーカシング

つぎは，ある重要なことばについて，個人のフル・フォーカシングを行った事例である。図16-1のフォーカシングの教示を参考にして行ったものである。そのフォーカシングの経過にそって簡単に記述していく。ここでFはフォーカサー（女性），Gはガイド（女性）である。

部屋に入る日差しをブラインドでさえぎり，フォーカサーにそのことばを味わうことができる心の空間がしだいに生まれ，そこに生じるものをことばにしていくことができていく。フォーカサーはしばらく時間をとって，嫌なことばである「期待」を選んだ。

G1：自分にとって，扱ってみたい「ことばや語句」を選びましょう。（**教示1**）
F1：期待。
G2：（**教示2～5を行う**）
F2：（フォーカサーは，目を閉じて，ゆったりと座り，静かにする。楽にして，内側に注意を向ける）
G3：自分に向かって，そのことばをゆっくりと繰り返しましょう。そのことばによって自分の中にどんな気持ちや感じが起こるかじっくりと身体で感じてみましょう。（**教示6**）
F3：〈沈黙〉…　ちょっと身体がかたくなって……（間）……胸がちょっと苦

しい。（身体がかたくなって，胸がちょっと苦しい）……嫌な感じが……。〈沈黙〉… 一番感じるのは，締め付けられるほどではないんですけど，重苦しいような感じ……。

G4：そのことばを繰り返しながら，自分の気持ちや感じを表すぴったりのことばやイメージを浮かばせてみましょう。（**教示7**）

F4：……嫌な感じ。解放されたい。…そんなところです。（嫌な感じ，解放されたい）〈沈黙〉… 期待しないでほしい。（涙）……ちょっと涙が出てるのと，胸がちょっとホッとした。締め付けられた感じがほどけて，わかってもらえたのが……。（涙が出てる，胸がちょっとホッとした。締め付けられた感じがほどけた感じがしてるんですね）……いつも誰かにわかってもらってなかったかなという……。（いつも誰にもわかってもらってなかった）……。

G5：ゆっくりと自分の気持ちや感じをそのまま感じていましょう。何かもっとありそうかどうかに注意していましょう。優しく，友だちのように，寄り添うように感じてみましょう。（**教示8**）

F5：〈沈黙〉… ことばになって，すごく楽になって，身体がゆったりしてきたような……。（すごく楽になって，身体がゆったりしてきた……。十分に味わってください）〈沈黙〉… とても楽になって，さっきの胸の重い感じが全部とれたかな。

G6：感じがわかったら，このことばがどんな意味があるのかな，と問いかけてみましょう。（**教示9**）

F6：〈沈黙〉… 初めて「期待されるのが嫌だ」とことばに出した。とても楽になって，もーいいかなって，私は私なんだから，期待する人は期待する人でいいかなって。……身体が楽になってきて，いろんなところで期待されて嫌だ，嫌だと思っていたけど，私のこと何もわからなくて期待してるけど，私はそんなんじゃないよと……。嫌だという気持が強くて，嫌な思い出があったので……，もう，いいよーって感じで……。期待する人は期待する人でいいし，私は私なりに受けとめていけばいいね。嫌がらないで，嫌だと思わないで，いいよって受けとったらいいのかな……。今まで，学校の先生にすごく期待されてきた。その期待に十分応

えられなかったときに，何か自分が悪いことをした思いがした……。私
　　　は悪いことをしてないのに……。小学校のときから。〈沈黙〉… もうい
　　　いよっと……。〈沈黙〉… 嬉しいですね，そう思えるのね。
G 7 ：新しい気持ちや感じが出てきたら，それを表現してみましょう。(**教示
　　　12**)
F 7 ：〈沈黙〉…「和解！」
G 8 ：ここで出てきたことはどんなものでも，そのまま受け取りましょう。
　　　(**教示 13**)
F 8 ：……。《そのまま受け取ろうとしている様子》
G 9 ：自分のなかで一区切りつけそうな感じがあれば，これで終わりにしまし
　　　ょう。(**教示 14**)
F 9 ：〈沈黙〉…「和解」とか「受容」。……うーん，でも，胸のあたりが落ち
　　　着かない。ピッタリすることばを選ばないと……。（間）「受容」の方が
　　　いいかな。「和解」は過去についてだけど，今，これからも受け入れて
　　　いくので「受容」。…〈沈黙〉…「受容」はちょっとかたいので，「受け
　　　入れる」にします。これでいいです！《きっぱりと》

　フォーカサーは，最初重要なことばが浮かばないと言っていたが，しばらく
して「期待」ということばが浮かんできたときに，胸のあたりにザワついた，
落ち着かない感じを覚えた。小さい頃から学校の先生や大人にいろいろな場面
でなにかと「期待されて」きていたのである。しかしフォーカシングで「期待
しないでほしい」と初めてことばにしたところで涙が自然に出てきて，何か重
いものがとれたような気がして，心身の解放感を体験したのである。そして
「期待する人は期待する人，私は私」と区別して切り離すことができ，割り切
ることができた。そして最後は，「受け入れる」ということばでおさまりがつ
いたのである。ここで得られた割り切りは，その後も永続性のある体験として
統合された。現在では，「期待したい人は，勝手に期待していいのよ」と思え
ているとのことである。〔自然な涙・心身の解放感・割り切る・受け入れ感〕

4　フォーカシングの日常化をライフ・スタイルに

　フォーカシングの体験は，ときには強烈なものであったり，ときにはしみじみとした静かなものであったりする。いずれにしても，そこでは身体のなかに生命エネルギーが流出しきている，よみがえってきていると考えられる。日常的な思考や情動の枠やパターンから少しでも解き放されて，より自由であるということは生命的なものに触れる体験なのだろう。そうした生のありように意味を感じているからこそ，そこに生き生きと生命エネルギーがみなぎってくるのだと考えられる。

　選ばれる「ことば」は，なんらかの意味の扉を開く可能性がある心の鍵言語（キーワード）である。その意味がフォーカシングで明確になってきて，味わい深い体験となることができる。そこには，思わぬ発見や解放感があったりする。平素は気がつかなかったこと（もの）を気づかせてくれる。自らの中に潜んでいた欲求とか思いを浮上させてくれる。心の世界における図地の反転や反面性に気づくことが少なくないのである。

　ことばでも重要な「ことば」は，そのことばが発せられた場面，文脈，人物が結びついている。その人が生きた状況や心的世界と密接に関係しているといえよう。それらとの関わり方が変わり，心を豊かにする体験がもたらされる。意識的な思考レベルにあったものが体験過程のレベルで扱われることによって，新たな体験と意味の次元が現出してくるのである。そのような自己と対象への向かい方，かかわり方を日常化することが，やがて自分の新しいライフ・スタイルにさえなるだろう。

　フォーカシングは単独でもできるし，フォーカシング・パートナーとともに，あるいは小グループにおいても楽しんで行うことができる。シェアリングの時間をもつことが，フォーカシングの体験をより豊かで確かなものにするだろう。個人のなかでは中核的自己と結びつけ，人と人とを結びつけるものである。こうした自己内外との結びつきが体験的に強められるのである。このようなかかわりこそがもっと日常化されていくことが期待されるところである。

参考文献

伊藤義美　1999a　複数フォーカシングによる3人フル・フォーカシング　情報文化研究　名古屋大学情報文化学部・大学院人間情報学研究科, **9**, 45-66.

伊藤義美　1999b　複数フル・フォーカシング法（MFFM）の一検討(2)―フォーカシング・プロセスとフォーカサー相互の影響―　日本心理学会第63回発表論文集, 170.

伊藤義美　2000　フォーカシングの空間づくりに関する研究　風間書房

伊藤義美　2001a　自分にとって重要な「ことば」についてのフォーカシング　情報文化研究　名古屋大学情報文化学部・大学院人間情報学研究科, **13**, 9-19.

伊藤義美　2001b　自分にとって重要な絵や写真を用いたフォーカシングについて　心理臨床―名古屋大学教育学部心理教育相談室紀要―, **16**, 11-17.

辻　邦生　2000　言葉の箱―小説を書くということ―　メタローグ

伊藤義美・小嶽久美子・谷　美佐子・小倉理恵・宗田美名子・中島あつ子・前田起代栄

第17章

ジェンドリン, E. T. 博士が物語る

1 はじめに

　文部省の在外研究員（1993.3.~1994.1.）としてシカゴ大学（The University of Chicago ; UC）の心理学研究科に滞在したとき，体験過程理論やフォーカシング指向心理療法で著名なジェンドリン, E. T. 博士（1926~　）と話す機会があった。当時，ジェンドリン博士は心理学研究科の主に「方法論および数量心理学」のコミッティに所属していたが，同時に「人間発達」と「メンタルヘルス」のコミッティにも属していた。1，2たずねたいと思っていたこと以上に多くのことを自からも湧き出るように語ってくれた。本稿は，そのとき語ってくれたことや話したことをもとにまとめたものである。

2 カール・ロジャーズ博士との出会い

　伊藤：カール・ロジャーズ博士とシカゴ大学・カウンセリング・センター，あるいはウィスコンシン大学での体験についてどのようなものであったか，お聞かせください。
　ジェンドリン博士：私は，哲学を研究していました。1948年にここ（シカゴ大学）に来て，1952年にロジャーズ先生につきました。その哲学は，「概念と経験の関係」についてでした。私は，哲学をやりながらサイコセラピィに入りました。哲学で私が問題に思ったことは，経験という概念も，純粋な経験ではなくて社会的な概念がずっと付随してきているということです。だからそのことについてもっと調べたいと思いました。「概念を超えたところの経験とは何

か」ということをもっと知りたかったのです。セラピィのなかではそれがいつも行われているのではないかと思いつきました。それでセラピィを勉強したかったわけです。

　ロジャーズ先生のインタビューを受けて，先生は「ちょうど哲学をやっている人がほしかったからよろしい」と言ってくれました。でもロジャーズ先生は私に聞きました。「人間について鈍感（stupid）だと困ります。あなたは愚かですか」。「いいえ，そうは思いませんけど」と言いました。（笑）「いつも皆んなが話しに，相談に来たりするけど，そういう人たちをどのように助けていいかわかりません」。学生時代によく人がやって来て，夜中じゅう寝ないで話し込んでいました。だから鈍感ではないけども，どのように助けていいのかわかりませんでした。だけどここ40年間を考えてみますと，おかしな，バカげたことをやっているので，「愚かなのかな」と思います。（笑）　自分が愚かなのかもわからないし，2，3週間は「まずクライエントであってセラピストになってはいけないんじゃないか」とビクビクしていました。2，3週間後ぐらいに，やっと「皆んながクライエントで，皆んながセラピストでありうる」ということがわかって，すごく安心しました。友達には，「自分は今セラピィをしているけど，それはカール・ロジャーズ先生の考えにしたがってやっている」と話しました。例えば精神分析では，精神分析家になる人は皆んな最初にセラピィを受けなければいけませんけど，ロジャーズ先生の場合は，「セラピィを受けないとセラピストになれない」とは言っていませんでした。だから友達には「自分がセラピィをやっているのは，自分がセラピィをしたいからだ」と話しました。

　伊藤：そんな経緯があったのですか。その当時，ロジャーズ先生は「人間発達」にも属していたのですか。どういう学生が来ていましたか。

　ジェンドリン博士：「人間発達」と「心理学」の関係が非常にあいまいなので，どこで線を引くかは難しい問題ですけど，とにかく「心理学」に属していました。カウンセリング・センターには，「人間発達」，「心理学」，「教育学」から学生が来ていました。古い建物の，いつも古ぼけた家ばかりを使っていました。とりこわす寸前の家で，とりこわさないことになった。それじゃあカウンセリング・センターをそこへ持っていこうということでした。（笑）　最初は

Lexington Hallにありましたけど、今はもうありません。(部屋の窓からHallの方をのぞく)つぎにDrexel Avenueにありましたが、今はもうその建物もないかもしれません。(懐かしげに)

[注] 人間発達コミッティの小史 (1965) によると「第二次世界大戦が終わり、人間発達への学生の登録が増大した。1940年に25名だったのが、160名になった。大学のファカルティ (教授陣) にカール・ロジャーズが加わり、カウンセリング・センターを創設してから数多くの学生がやってきた。心理療法のプロセスとアウトカムの経験的研究がこの時期に始まり、John Butler や John Shlien を含むコミッティの様々なメンバーによって、現在まで精力的に一連の研究がなされてきている」(p.9) と記されている。]

3　シカゴ大学カウンセリング・センター

ジェンドリン博士：シカゴ大学のカウンセリング・センターではロジャーズ先生はたいへんエキサイティングな実験をしました。そこではロジャーズ先生が管理をせずに、スタッフが管理しました。サイコロジストだけでなく、すべての学生が、すべての秘書が、誰でもが人間でした。すべての人がセンターに基礎をあたえていたのです。そのことはたいへんエキサイティングでした。他のどれとも異なっていたので記述するのも難しいものです。仕事をするためでなく、生活するのにたいへん良い場所になりました。人びとは、いつでも話し合い、すべてのことが起きました。ロジャーズ先生はあらゆることを、例えば、診断をしない、解釈をしない、専門家がいない、医者がいない、医学的プログラムがない、患者をクライエントに変えて患者をなくした、などすべてのものを変えました。秘書がセラピストになりたいと思えば、セラピストになれました。セラピィをするには訓練が必要だとロジャーズ先生は信じていましたし、私も今でもそれに同意しています。大学のトレーニングは有益で、トレーニングの経験とスーパーヴィジョンが必要です。それで秘書がセラピストになりたいと思えば、そのためのトレーニングを受け、スーパーヴィジョンを受け、コンサルテーションをもちました。4年制の大学教育を受けていなくても不可能ではありませんでした。たいへん新しいことだったので、われわれがあまり理解しない、多くのことが起きました。今では、よくわかりますが……。それで

もそれはエキサイティングな実験でした。

　長い間，それはうまくいっていました。ロックフェラー財団から大きな助成金を受けることになり，たくさんのお金が来ました。それで皆んなが申し込みを始めました。そのときまで，運営費はある女性によって扱われていて，誰もが彼女を信頼していました。お金はあまりありませんでした。運営費を見ようと思えば，誰でも見ることができました。大きな助成金が来て，彼女が力をもつようになり，われもわれもと皆んなが使用の申し込みを始めて，すこしおかしなことになりました。

　それからロジャーズ先生がシカゴ大学を去りました。「先生は，グループが十分に成熟していないのだ」と判決を下しました。当時，私はまだ若い学生でした。私は皆んなが好きでしたし，トラブルもありませんでした。お金も重要なものでなかったので，私はただ見ていました。しかし私は，つぎのことを学びました。つまり，「感情を表現することは，誰かと関係をもつことと同じではない」ということです。「自分の感情を相手にそのまま直接に表現することはかならずしも良いことではない，相手を傷つけることになる」ということでした。今日でも人びとは，まだそのことをあまりよく理解していないようです。「私はあなたが正直でないと感じる」。これは感情ではありません。「私は恐れを感じている」と言うと，それは感情です。「私は，あなたが正直でないのでは

ジェンドリン博士と筆者

ないかと感じている」と言えばすでに感情ではないのです。

● 4　ウィスコンシン大学でのトラブル

ジェンドリン博士：ロジャーズ先生はウィスコンシン大学へ移って，私もそこでいっしょに仕事をしました。ロジャーズ先生は，また同じようなことを始めました。誰もが管理をしていました。ところが，そこでは今度は違うことが起こりました。ある1人の男性が，皆んながやった研究を自分勝手にまとめて，自分の名前で本にして出そうとしたのです。シカゴ大学でのわれわれのトラブルは小さいものでした。人びとはどのようにコミュニケートするか知りませんでした。なぜならそれはたいへん難しい問題だったからです。お金がどうのこうのという問題よりも，ウィスコンシン大学ではもっと大きな問題になってしまいました。その人は自分のオフィスにリサーチをすべてもちこんでカギをかけて，誰もアクセスできないようにしてしまいました。政府はカール・ロジャーズ先生にファンドを出し，そのお金を全員に平等に渡してリサーチをしたわけですけど，その人がひとりで勝手に自分のものにしてしまったわけです。そのことが大学の大問題になって，カール・ロジャーズ先生の上にいろんな委員会があり，その上にまた委員会があり，学長のところまで行って，またそれが下に戻ってきました。その人に，「それはあなたのものではなく，カール・ロジャーズ博士のものだから諦めなさい」ということになりました。

伊藤：大変なことになりましたね。その人はシカゴ大学時代のお仲間ですか。

ジェンドリン博士：いいえ，そうではありません……。大学が介入したわけですが，彼に「諦めなさい」と言った時点で，今度はその人が「自分のものを盗もうとしている」というので警察を呼んだのです。電話を受けたけど，警察はよく事情がわからないので，関係のある人に1人ひとり事情聴取をしました。それで私と他の2人の3人で，夜中にその人のオフィスに，ドアをはずして押し入りました。（笑）そして著作権をとってしまった後の本を見つけました。それは，まだ発行はされていない，原稿の段階の状態で見つかったのです。しかし細かい統計の数字は全部なくて，結局また最初からやり始めなければなりませんでした。だから大きなトラブルになりました。

伊藤：ロジャーズ先生が，皆んなを信頼して任せていたことがそうなったのですか。

ジェンドリン博士：はい，そうです。しかしロジャーズ先生は新しい実験を始めたわけですよね。皆んながお互いに信頼し合って，お互いに正直な人だということがわかっていても，またセラピィの中でお互いにそれがうまくいっても，実際の日常のいろいろな活動のなかでは，人間関係で難しい問題が出てくるから，それは難しいことでした。皆んなが親切な気持ちでお互いを信頼し合っていても難しい問題が起こりうるなかで，その人のように正直でない人間が正直でないことをしようと意図的に動いていたということですから，それはまた別の問題です。ロジャーズ先生がやり始めたこと，つまり皆んながいっしょに参加するというやり方は，私は私の未来だと堅く信じています。だけどそういうことが一般にはなされていませんね。そこから学ぶことが多いし，間違いを犯して学ばなければならないと思います。

● 5　役割を超えたひとりの人間として

ジェンドリン博士：ロジャーズ先生は，役割を超えて，この人は男性だからとか女性だからとかその枠を超えて，その人が人間であるというふうに皆んなをみて，ひとりの人間として扱いましたが，将来はそういうふうにならなければいけないと思います。それをするには忍耐が必要ですし，時間が必要ですね。最初，ロジャーズ先生がカウンセリング・センターを始めたときには，皆んなを集めてやれば簡単にできると思っていたのですが，実際にやってみると難しいことがよくわかりました。役割を演じることは，ただそれをすればいいわけですから簡単ですけど，役割をはずすことは非常に難しいことです。シカゴ時代に，ロジャーズ先生でない他の人が勝手に決めてしまって，その人が何人かの人に相談しなかったということで，相談を受けなかった人たちが非常に怒って大変なことになったことが一度ありました。

　私も相談されなかったうちの1人でした。私は若い学生でしたが，私も怒りました。皆んながたいへんけんけんごうごうとしていたので，私はそれに加わらないで，何も言わないでその場所を離れて，1人で考えました。私は若い学

生ですから,ふつうは教授とか研究科長とかが学生にいちいち聞きませんし,相談しませんね。それでもべつに怒らないのに,なぜそのことに関してだけ私はこんなに怒っているんだろうと考えました。他のどこへ行っても,まったく自分として扱われないけども,ロジャーズ先生のカウンセリング・センターでは,それこそ24時間いるわけではないですけども,そこが私の本当の家になった場所でした。そこでは自分が自分でいられるところでした。今の社会を見渡しますと,そういう場所がまったくありませんね。誰もあなたにあなたでいてほしいと招待してくれるところがありません。そのことがどういう結果をもたらすかというと,ものすごく限られた人間になってきてしまうわけです。あなたはいったいどういうことができるのか,どういうことがまだできないのか,ということでみられがちです。何を感じて,考えているのかということを引き出してくれる空間がありません。そういう人がいないわけです。

　考えてみると,おかしな話ですね。例えば,子どものことを考えてみても,12年間も,たいへん長時間の間,学校へ行くわけです。学校へ行っている間,その子がその子であることはまったく無視されて,先生が子どもにもつ関係というのは算数を通じてとか国語を通じてとかいうだけで,算数がどれくらいできるとかできないとかいうことで,その子がどういう子なのかということがまったく無視されています。さっきは否定的な部分の話をしましたので,肯定的なことでバランスをとるということで肯定的な部分の話をしました。ロジャーズ先生がこんなに難しい実験をやり始めたということで,いろいろと難しい問題はありましたが,そういう難しい問題があってもやったということは非常に重要だったと私は思っています。

　伊藤：お話をうかがってカール・ロジャーズ先生をたいへん敬愛しておられるという感じを強くもちました。

　ジェンドリン博士：はい,そのとおりです。

　伊藤：そのロジャーズ先生がシカゴ時代に一時不適応になり,ひとりの人間としてセラピィを受けたと聞いていますが……どうだったのでしょう。

　ジェンドリン博士：そのことについては,はっきりと言えます。私は,53年(52年?)からロジャーズ先生といっしょでしたが,そういうことは一度もありませんでした。でもロジャーズ先生は,「自分がカウンセラーを養成した理

由は，自分がカウンセリングを受けたかったからだ」と話していました。私もロジャーズ先生をよく知っていましたから，そのことが先生には必要だったと思います。ロジャーズ先生は，何か問題があって，先生自身に何かを言ったときに，なかなか自分ではピンときませんでした。ご自分のなかで距離があったわけですね。だからサイコセラピィが非常に必要だったと思います。

　［注）ロジャーズが妄想型分裂病の女性クライエントとのことで一時不適応になり，カウンセリング・センターのスタッフにセラピィを受けたのは1949〜1951年あたりのことである。したがって，ジェンドリン博士がセンターに来る前のことである］

● 6　ウィスコンシン・プロジェクト

伊藤：ウィスコンシン・プロジェクトについて，研究としてはどうでしたか。うまくいかなかったという人もいれば，副産物があったという人がいますが…。

ジェンドリン博士：皆んなを治療して治す，完治するという目的で行って，全員が完治するという，そのような意味ではクリア・カットではないと思います。精神分裂病の人たちとか，ありとあらゆるいろんな要素がありまして，いろんな要素をすべてもちこんでいました。けれども精神分裂病のクライエントのプロセスとセラピストの条件の間に相関関係がみつかりました。精神病患者が社会復帰することに関していろんな要素があります。そこの場所に来て，完治してそれでおしまいというのではなく，家にもどったときに家でどういう状態でその人を迎え入れるかとか，社会復帰をするときにどういうふうにするかを考えなくてはいけません。たいへん貧しい精神病患者の場合を例にとってみましても，その人がまずとにかく来るということだけ考えてもバス代をあげなくちゃならないとか，洋服をあげなくちゃならないとか，いろんな問題があるわけですから，セラピィだけで治るということは絶対にないはずです。

伊藤：あれだけ壮大なプロジェクトは，それ以後も聞きませんね。

ジェンドリン博士：私も，もう，ああいうふうにはやりたくないと思っています。最初はもっと小さなスケールでやりたいものです。もしやるのだったら，きちんとインタビューをして，どういう人間で，何が必要なのかということが

もっとはっきりわかった状態で，徐徐に目的をはっきりさせて広げるなら広げるというふうに，そういうステップをとりたいと思います。ちょっとあれは大きすぎました，大ざっぱすぎたと言えるでしょうか。

その場所がオープンしたときに，最初にセラピィを行ったのは私でした。私に会うことになって，精神病患者がやって来て，「なぜ自分がセラピィを受けなければならないのかわからない」と，ちょっと恐れをなしていました。面接室に来たがらなくて，やっと連れてきたのですけど，すぐ逃げ出してしまいました。なにしろ「いっしょにやりたくない」ということで大変でした。それで新しい方法を考えだして，患者がいる病室みたいなところで，いろいろな人にまずちょっとずつ話をして，最後にその人のところへ行ったら，その人はやっと心を開いて，「やあ，ボクにも話しかけてくれて良かったよ」と言ってやっと心を許してくれました。こうした新しい方法を発見しましたが，それは，面接室で個人と個人，1対1でドアを閉めて机をはさんでやるのではなくて，看護婦やなんか皆んなが出たり入ったりして，皆んなに聞こえるようなオープン・スペースでやるやり方でした。

ところがそういうふうにやりたくない，伝統的に机があっていかめしくやりたい人たちはそういうのが嫌でしたし，またグラントをたくさんもらっていましたけど，そのお金はそういう伝統的なやり方のほうに使うためのものでしたから，それはそれでやりました。だからあまり大きなプロジェクトは，そういうふうに何も知らないで，個人的ないろいろな問題を知らないでやらないほうがいいでしょう。これとこれとこれについてやるということでお金をもらってしまっていましたので，コントロール群があって，男性8人に女性8人とか，ものすごく型にはまったやり方になっていて，私たちは何もコントロールできませんでした。そこでのセラピィの経験から私は，短いペーパーを書きました。「Initiating Psychotherapy with "Unmotivated" Patients」という論文です。Unmotivated には " "（ダブルクォート）がついています。

　　［注］ウィスコンシン・プロジェクトでは，ジェンドリン博士はリサーチ・コーディネーターを務めていた。このプロジェクトは当初その成果が注目されたが，研究報告書は編者の意見の調整でも長びいて，ようやく1967年に出版された。だが，その時はもはやそれほど注目をあびず，再版もすぐにはされなかった。すでにロジャーズはカリフォルニアに去り，ジェンドリン博士もシカゴ大学に

戻っていた。ロジャーズの輝かしい経歴に暗い影をおとしている部分である。]

● 7　フィーリングとフェルトセンス

ジェンドリン博士：昔は1人ひとり役割が決まっていましたね。男性はこう，女性はこう，兄はこう，弟はこう，というふうに。そのことがお互いにはっきりわかっている時点では何も問題はありませんでした。ところがそのつぎの時代は，「自分たちは役割だけではない。自分はいったい何なんだろう。役割だけをやっている自分というのは虚しい」という時代になりました。20年経った今は，「私は今，何を感じているんだろうか」というフィーリング（感情）が非常に大事になってきました。虚しかったところに，今度はフィーリングを発見しました。「ああ，虚しくなんかない。なかはカラッポではない。フィーリングというものがあるんだ」という発見をしたのはいいのですけど，今度は間違って，「フィーリングそのものが自分だ」というふうに思い込んできてしまいました。それは正しくないと思います。フォーカシングではフェルトセンスに重きを置きますが，フェルトセンスというのは，例えば頭で「ああ，今日は嬉しい」とか，「ああ，今，怒っている」とかという上っ面だけではなくて，「もっともっといろいろなことが起こって，ゴチャゴチャ混じり合った，からだ全体の，もっと奥の方で感じている感じ」です。

伊藤：フィーリングそのものになったというのはヒューマン・ポテンシャル・ムーブメント（人間性回復運動）とかアウェアネス・ムーブメントへの批判でもあるのでしょうか。

ジェンドリン博士：私が思うに，ヒューマン・ポテンシャル・ムーブメントはフィーリングを発見しました。べつに批判をしているわけではありませんが，私はそれよりももう一歩先に行きました。私もヒューマン・ポテンシャル・ムーブメントの一部のなかで，グループをしましたし，フィーリングの発見は素晴らしいものでした。批判はしていません。ただ先に行ったのです。私がフェルトセンスのところに行ったときにもうひとつ発見したことは，「フェルトセンスは，私そのものではない」ということでした。「私はここにいて，フェルトセンスはそこにある」。フィーリングも私ではないのです。フェルトセンス

はすごくはっきりしている部分があります。それは，私があなたを見ていて，あなたが私を見ているというぐらいはっきりしていることですけど，私とあなたはいっしょではありませんね。だからいろんな人生のなかでありとあらゆることが起こって，ものすごく複雑な，いろいろなコンテント（内容）が自分のなかにありますね。そのフェルトセンスがそこにあるわけです。またそれを見ている自分もちゃんとこっちにあります。

伊藤：ひとつでなくて分かれているというわけですね。主体としての私とフェルトセンスとが。

ジェンドリン博士：そうですね。主体というと哲学では，固定化したイメージがあるので，そういう意味ではあまり使わないほうがいいですけど，そういう意味です。主体というのは何かということは難しいですね。さて，自分とフィーリングとフェルトセンスを発見してしまったので，昔の伝統的な役割というものに自分をあてはめて生きることがひじょうに難しくなってきました。私は，役割としては伊藤さんに対して何もすることができませんでした。

伊藤：ジェンドリン先生がここ（シカゴ大学）にいてくれたことがとても大きな役割でした。（笑）

ジェンドリン博士：あは～ん。（笑って，大きくうなずく）

8　体験過程（experiencing）

伊藤：experiencing（体験過程）を着想されたいきさつは，どのようなことでしたか。また，クライエント中心療法との関係についてはどうでしょうか。

ジェンドリン博士：カウンセリング・センターでのセラピィの経験をとおして，哲学で勉強していた疑問点がだんだんわかってきました。経験するというそのこと自身が，概念を超えたところにある。概念がゴチャゴチャとくっついているけれども，経験の方がもっと重要であることがわかってきました。ある同じひとつの問題について，頭で考えたこととからだで思っていること，からだで感じていることが全然違うということがわかってきました。からだでわかっているけれども，それをどうやって表現したらいいかわからない，そういう瞬間というものが他にもあるのかどうか。クライエントたちと話したのをテープレ

コーダーにとってあったので，それを書き起こして全部調べてみました。そういうのがなかなか見つからなくて，大変時間がかかりました。

　私はドイツの哲学者ウィルヘルム・ディルタイ（Dilthey, W., 1833-1911）をずっと研究していました。同じことでもいろいろな表現の仕方があることも自分ではわかっていました。自分の外にある，あるわかっていることが，自分のからだのなかに入ってきて，またそれが自分から表現されて外に出るときに最初と違った形になります。その真ん中にあるものは何だろうかということに大変興味をもち始めました。例えば，朝起きたときに夢を見たことはなんとなくおぼえています。からだのなかではわかっている，なんかモヤモヤがあります。だけども夢の細かい部分はもちろんおぼえていません。瞬間的に夢の全体がワーッとわかって，その全部がモヤモヤのなかに入っていたわけです。結局，そのモヤモヤは何なんだろうか。クライエント中心のセラピィの場合は，怒っているとか悲しいとか嬉しいとかそういう感情について反映（リフレクション）をします。そういう感情がある場合はそれをまったく無視するのでなく，それを反映することをやりましたけども，ほとんどそれだけをやっているのではないことがわかりました。

　ほとんどの場合は，もうちょっと難しいのです。例えばなんとなくモヤモヤとした感じがあって，ある言葉をあてはめれば，「がっかりした気持ち」があります。「がっかりした気持ち」というのは，すごくはっきりしたものでもなく，簡単なものでもありません。ある人に何かを期待するけども，その人がそれをやってくれなくて，近い将来にもやってくれそうもなくて，なんかそこらへんのゴチャゴチャしたものが，からだのなかにわだかまっています。それでそのことの全体を考えていて，なんとなく気が落ち込んできて，例えばその人がやってくれなかったということで，「最初からその人に頼まなければ良かった」と思ったり，また頼めば，今度ははっきりとその人に，「いえ，やりたくありません」と言われちゃうかもしれないと思って心配になったりとか，またさらに何か必要と思ったときに自分がはっきりと断固として，「これこれは必要なんです，やってください」と，そういう意志力みたいなものがあったらなあと思ったり…。「なぜそういうふうにできないのだろうか」とまた思ってしまって，「あのときもそうだった，このときもそうだった，なぜ自分はこうい

うふうなんだろう」と，だんだんみじめになってきてしまって…。「それがいったい，からだのなかで考えている，思っている，感じている，経験していることは何なんだろう」と，自分で問いかけてみるわけです。

　それで，皆んなで理論について討論しているときに，「それが感情なのですか」と質問しました。なぜかと言うと，理論のなかでは，悲しいとか怒っているとか嬉しいとかいう感情，それについてしか書かれていませんでした。けれども実際には，実践の場ではそれだけではありません。悲しいとか恐れているとか，それだけではなくて，なんだか知らないけどもからだのなかにあるモヤモヤっていうもの，それについて経験して，それについて対処しなければならないという問題がありました。

　初期のスタッフのフレッド・ズィムリング（Zimring, F.）といっしょに1955年に「体験過程の次元」というペーパーを書きました。私にとって重要だったのは，experience は experiencing ではないということでした。迷信みたいな，個別なものが埋まっていて，それを一個ずつ掘り起こしていくのではなく，もっと時間的なつながりがあるものです。お互いが個別に分かれているものではなくて，つながっているものです。それがどういう方向へ行こうと，良い方向へ行こうと，悪い方向へ行こうが…。今の例をとって言えば，がっかりしている私がひとつの固定観念みたいなものにはまってしまって，例えば「私はひじょうに弱い人間である。でおしまい」とか，あるいは「私は自分に対する尊敬の念がすごく少ないので他人に対して何か頼むことができない人間である。で終わり」というふうになってしまいます。

　ところがクライエントとの関係のなかで，経験しながらステップ・バイ・ステップ，ひとつずつやっていきますと，そういうふうに「私は〜である。終わり」というのではなくて，だんだんと様相が変わってきます。だからさっきの例で言うと，私がっかりしている私を話していくうちに，経験していくうちに，例えば誰かに何かをしてもらいたいという，そういう「〜してもらいたい」という気持ちにもうちょっと集中していくと，その様子がしだいに変わってきて，何かそれだけの力を呈してくるといいますか，帯びてきます。ちがう様相をしてくるわけです。そういうことが，もしかしたらいいことかもしれません。誰かに何かをしてもらいたいということにあまり注意を向けないで，さ

っきの昔のやり方で私が,「お前はそんなことを人に頼むぐらい弱い人間だ」と言ってしまいますと,その何かをしてもらいたいという気持ちが,もしかしたら肯定的な力になって作用するかもしれないということが全然無視されてしまうわけです。そのなかから新しい力が生まれてくるかもしれません。というのは,相手の人はやりたくないのかもしれないけども,それでも私はその人にやってもらうという断固とした意志の力とかが生まれてくるかもしれません。だから experiencing process（体験している過程）が大事になります。

　ドイツでは経験 experience について2つの言葉をもっています。エアファールンク Erfahrung とエアレーベン erleben です。ディルタイが2つのことばを使っていて,ひとつは Erfahrung で「経験」,もうひとつの erleben は「経験する」というのですけども,これにあたる英語がなかったので,私が experiencing ということばになおしました。クライエントとセラピストがそうやってお互いにひとつひとつ反応し合って,応えていくのが私のいうリレーションシップなのです。

　［注］「体験過程の特質あるいは次元とその変化」(1955)は,Ⅰ.体験の次元（1.一般的な体験過程,2.自己の体験過程に関する体験過程の次元,3.他者の体験過程）,Ⅱ.二重の人間状況の特性（A.状況の形式的特性,B.状況またはセラピストについての感情）,Ⅲ.理論,に分かれ,変化する体験過程と治療状況の特性,そしてなぜ変化が起こるかが論じられている。］

● 9　クライエント中心療法と体験過程療法およびフォーカシング

ジェンドリン博士：クライエント中心療法と体験過程療法とは別のものとするのは誤りで,両者に違いはありません。しかし強調しているところが少し違います。クライエント中心療法も体験過程療法もうまくいけば,違いはありません。クライエント中心療法のセラピストが成功しない場合は,マスイさん［注］増井武士氏（産業医科大）のことと思われる。］が「ワード・マシーン」と言いましたけど,クライエントの言ったことばだけをとってそれにセラピストは反応するのです。ところが体験過程療法のセラピストの場合は,ことばだけでなくて,ことばのまわりにあるもの,うしろにあるもの,下にあるもの,結局,なかにあるものに中心を向けるわけです。

クライエント中心療法と体験過程療法とを両方いっしょにした場合，先ほどの例をとれば，「あなたが今，体験していることは，あなたはそれが何なのかまだよくわからないんですね，ことばでは言えないんですね」ということを言うわけです。もしそれがそのようにされないで，時間がどんどんたってしまった場合は，クライエント中心療法のテクニックを使った場合は，「さっきあなたがこういうふうに思ったときに，こういうふうに言いましたね」と，そこへ戻るわけですね。結局，言うことが……。

　まだことばになっていない，言語化されていないことばかりに焦点を置くと，適当にかんぐっているようなことになってしまうので，あまりそういうことは強調しないほうがいいかもしれませんけど，とにかく体験過程療法のセラピストの場合は，さっき言ったことの繰り返しですが，「まだことばになっていないけども，いま，感じている，体験していることが何なのか」ということに焦点を向けるのです。だから体験過程療法のセラピストは，「いま，ここにあるもの」に反応することになります。「なぜ，何を質問したいのかという，私がいま，ここで感じている，ことばにならないものは何なんだろうか」というのが，その質問ですね。「なぜ，私がいま，質問したいと思っている，これは何なのかと疑問に思っていることがいったい何なんだろう」。そのことをエッジ（edge）と呼びました。言語化されたことはされたけども，そのものでなくて，その端っこにあるものは何なのか。そのときに，もしクライエントがわからなくて，そこらへんを漂っているときに，ずっとそのことを考え続けなさいというふうにはしていません。クライエント中心療法のテクニックのように，クライエントが他のところに行きたかったら，そのままセラピストはクライエントにくっついていきます。

　今まではクライエント中心療法のセラピストがうまくいかなかった場合でしたけど，今度は体験過程療法のセラピストがうまくいかなかったらどうなるかと言いますと，関係（relationship）ということを忘れてしまいます。「さあ，眼を閉じて，フォーカシングをして，あなた勝手にやりなさい」という感じになります。関係のなかで，フォーカシングして，良いものというものは，1人でフォーカスして見つけたものと全然違います。1人で散歩に行って，美しい景色かなんかを見て，家に帰ってそれを誰かに話したいという，そういう経験

があ07ますよね。そのような感じです。そういう話す相手がいる場合には，話しているうちに経験したことがだんだんだんだん拡がっていきます。それと反対に，皆んなが経験しているように，自分の経験したことを話し始めると，そのとたんにそれがしぼんでしまう場合もあります。ですからフォーカシングをするときは，それが行われているリレーションシップが非常に大事なのです。それがうまくいってないなら，フォーカスしてもらいたくありません。クライエントにフォーカスさせているときに，それがうまくいっていないような場合には，フォーカシングをすぐやめて，今度はリレーションシップのほうに中心をおいてそれを改善していきます。

● 10　プレゼンス

伊藤：リレーションシップということの関係で言うと，ロジャーズ先生が1986年あたりに新しい条件として「プレゼンス（presence）」ということを言っています。ジェンドリン先生も「to be present」ということを言っていますね。同じ意味あいでしょうか。ロジャーズ先生は直観ということも強調しています。ジェンドリン先生はそこまでは言っていないかもしれませんが，つきつめていくとそういうことになっていくのでしょうか。

ジェンドリン博士：たぶんたいへん似ていると思います。ロジャーズ先生とは1952〜1963年まで長いこといっしょに付き合ったわけですけど，63年以降のロジャーズ先生の書いたものを読みませんでした。だから伊藤さんが決めてください。似かよったことを言っているのかどうかを。なぜなら，読んでいませんので，ロジャーズ先生がどういうふうに言っているのかわかりませんので。

伊藤：ロジャーズ先生は，「プレゼンスあるいは直観が4つ目の条件になるかもしれないが，まだ経験的に検証されていない」と言っています。

ジェンドリン博士：それは知りませんでした。ロジャーズ先生に関しては，なにしろ52年から63年までの長いことつきあいましたから，いろいろと読みましたし，何百回も何千回も。でもなんとなく読む気がしません。全然関係ないことなら読みますけどね。私自身のプレゼンスについてもう少しお話しましょうか。

伊藤：はい，お願いします。

ジェンドリン博士：あなたも参加したワークショップでのことですが，あるデモンストレーション（「フォーカシングによるドリーム・ワーク」）をして，それが終わると，その人を横に座らせて，休みをとって質問をする時間に，皆んなは今までデモンストレーションをしていた人に質問をしたくなってしまいました。そのときに，私はその人をかばうような感じで，その人を休ませておいて，「私に質問してください」と言いましたね。そのときフッと思い出したのが，平田さん（平田アンナさんのこと，人間発達専攻のシカゴ大学大学院生）が私のクラスで，「日本人は人をジッと見ることに対して恥ずかしいと眼をそらしたり，下に向けたりしてジッと見ない」と話していたことでした。この人は，今やったデモンストレーションで，皆んなの前で，公然の眼の前で，彼女のいろんな中味をさらけだしたわけです。それをもうそれ以上に見ないようにして欲しかったのです。

「be present」ということは，相手の眼をジッと見て，眼を見ながら，その人に対して，その人を批判したり，評価したり，その人の価値を決めたり，あれやこれや詮索したりするのでなくて，ただここにいるということです。あなたがまだ日本にいて，ここに来たいと手紙を出したときに，私はそれを長いこと放っておきました。それでなかなかこっちへ来れなくて，たいへん迷惑をかけて，それはすべて私が責任を負うことで，誰のせいでもでもないことです。例えば，たぶん，これは不可能でしょうけど，あなたが非常に怒って，「なぜあんなことをしてくれたんだ」というふうに，もう怒り狂って，いろんな物を投げつけたりしても，（笑）そして私が，「実はこれこれこうだった」と，私の立場も話して，2人で泣きだしたりして，大げさなことになったりしても，（笑）みんな水に流してしまって，そしたら2人は，ただ，ただ存在することができます……。初めてお互いに，お互いのありままを見ながら，存在するわけです。お互いの関係のなかで存在することができるのです。いろいろとゴチゴチャがお互いの中にしこりとして残らないからです。

子どもたちとのセラピィをしていますか。

伊藤：以前はやっていましたが，今は，青年期の人とか成人が多いですね。

ジェンドリン博士：子どもたちは，ただジッと見ますよね。日本の子どもた

ちはどうか知りませんけれども、とにかくアメリカの子どもたちは、ただこうやって、ジッと見ます。だけど大人はそうじゃないですね。なんとなく自分を守りたいという気持ちがあるのか、なんか子どものように直接的ではないですね。プレイセラピィをなさっているときにそうだと思いますけども、子どもをただジッと見ている、他のことを考えたりしないで、ただそこに居ます。子どもが自由に遊ぶように、だけどもそこに居てあげる。何か話さなくても、他のことを考えないで。プレゼンスということは、そういうことです。

相手が非常に何か痛みを経験しているときに、なにもその痛みをやわらげることはしてあげられないけども、ただそこに居るということだけで、かなり助けになります。特に非常に恥ずかしがり屋の人だった場合、相手がそこに居るということだけで、もうかなり重要なことなんですよね。その人が偉い人だからとか頭がいいから強いからというのでなくて、ただ人間がそこに居るということが非常に意味をもってきます。例えば、今度はセラピストが恥ずかしがり屋の場合ですと、なんとなくジッと相手の顔を見て、毅然としていられないときなんかでも、ただ居るということだけで、自分がちょっと恥ずかしく思っているということも自然に出して、その関係のなかでそこから出発するといいましょうか、人間として。

伊藤：実際にとなると、かなり難しいことではないでしょうか。そうなる、なれるプロセスがあるように思います。相手の人によってはすぐできるし、でもできにくい相手もいるでしょう。

ジェンドリン博士：人によって違うということではないと思います。そうだとしたらそういうことは起こらないんじゃないでしょうか。私がセラピストであなたがクライエントであった場合、クライエントであるあなたが、私がセラピストであるけども威厳をもってクライエントをジッと見て、落ち着いて座っているのでなくて、なんとなく落ち着かなくてうまくいくかどうかちょっと心配気であったりするとかいうことを表現しても、クライエントであるあなたがそれでもいいんだっていうことが私にわかった場合に、初めて私は自分でいられるのだと思います。

伊藤：自分の場合は、落ち着かないとクライエントにどううつっているかを気にするかもしれません。

ジェンドリン博士：あなたが落ち着かないで，なんとなく心配気だということがクライエントにわかってしまっても，あなたがそれでいいんだということがあったときに，プレゼンスということが起こります。子どもとやっているときのほうが楽ですか。

伊藤：子どもなりの難しさがありますね。

ジェンドリン博士：子どもから見透かされるからでしょう。

伊藤：そうですね。それをことばや行動であらわす子どももいます。

ジェンドリン博士：そうです。でも，ここに難しい（tricky）点があります。非常に説明するのが難しいのですが，自分が何かをするから，何かが起こるとかいうのでなくて，何かが起こる，自然と何かが生じてきます。〔ここで，電話が入り中断となり，残念ながらそのまま時間切れとなる。〕

● 11 お わ り に

カール・ロジャーズ，シカゴ大学カウンセリング・センター，ウィスコンシン・プロジェクト，体験過程とフェルトセンス，クライエント中心療法と体験過程療法の関係，プレゼンスなど，ジェンドリン博士によっていろいろと率直に語られている。特にドイツの歴史家，哲学者ディルタイ，W.の影響などはこれまでにあまり言われていなかったことであろう。ジェンドリンは，体験過程療法（1973）のなかで，実存主義の哲学者のひとりとしてディルタイに少し触れているのみである。ディルタイは自然科学と人間科学を区別して，前者は因果律による物理現象の説明を，後者は人間の意図と意味から現象の理解を提供するものとして捉え，人間と文化の研究に歴史的解釈を重視している。村瀬（1966）もジェンドリンの体験過程と，ドイツの哲学者クラーゲス（Klages, L., 1872-1956）の体得過程のうちの動物性過程との対応を指摘しており，ドイツ哲学のジェンドリンへの影響を改めて強く感じさせるものがある。

参考文献

シカゴ大学人間発達コミッティ編　1965　人間発達コミッティの小史―コミッティの25週年を記念して―　シカゴ大学人間発達コミッティ

Gendlin, E. T.　1961　Initiating psychotherapy with "unmotivated" patients. *The Psychiatric Quarterly,* **35**, 134-139.

Gendlin, E. T.　1962　*Experiencing and the Creation of Meaning.* New York : Free Press.（筒井健雄訳　1993　体験過程と意味の創造　ぶっく東京）

Gendlin, E. T.　村瀬孝雄編訳　1966, 1981　体験過程と心理療法　牧書店　ナツメ社

Gendlin, E. T.　1973　Experiential psychotherapy. In R. Corsini (Ed.), *Current psychotherapies.* Ithasca : Peacock. pp. 317-352.

Gendlin, E. T., & Zimring, F. M.　1955　The qualities or dimensions of experiencing and their change. *Counseling center discussion papers,* 1, 3. Chicago : University of Chicago Library.

伊藤義美編訳　1994　ジェンドリン, E. T.博士と語る　心理臨床―名古屋大学教育学部心理教育相談室紀要―, **9**, 15-25.

The Encyclopedia of Philosophy　1967　KLAGES, LUDWIG. New York : The Macmillan Company & The Free Press. **4**, 343-344.

The McGraw-Hill Encyclopedia of World Biography　1973　DILTHEY. McGraw-Hill. **3**, 381.

　　　　　　　　　　　　　　　　　　　　　　ジェンドリン, E. T.・伊藤義美

あとがき

　本書が計画されてから紆余曲折があったが，ヒューマニスティック・アプローチの1冊として本書を世に出すことができることに編者として大きな喜びを感じている。それは，わが国，とくに東海地区（名古屋，愛知，岐阜，三重）のフォーカシングの実践や研究成果の一部を発信できるからである。東海のそれぞれの地域で，フォーカシングの活動や学習会，フォーカシング・パートナーシップが展開されている。これらのフォーカシング・パートナーシップが連携して，ネットワークやフォーカシング・コミュニティが形成されていくことが期待される。その中から独創性のある実践活動や研究も，やがて生まれることだろう。

　編者が文部省の在外研究員（1993.3～1994.1）としてシカゴ大学心理学研究科を訪れたとき，ジェンドリン（Gendlin, E. T.）さんの家族はエバンストン（Evanston）からニューヨークに引っ越した直後あたりだったろうか。シカゴとニューヨークを飛行機で行き来し，ジェンドリンさんは活動の場をじょじょにニューヨークに移すようになっていった。当時，シカゴ市内にあったフォーカシング研究所は，その後1996年にニューヨーク州のスプリング・バレー（Spring Valley）に移った。そしてフォーカシング研究所も新しい段階に入り，フォーカシングの組織化と資格化がより促進されることになったのである。

　平成8年（1996年）9月に名古屋での日本人間性心理学会第15回大会（1996.9.13—9.16）では，来日中だったエルフィー・ヒンターコプフ（Elfie Hinterkopf）さんに「フォーカシング」のワークショップを担当してもらった。また，平成10年（1998年）9月に名古屋での日本心理臨床学会第17回大会（1998.9.18—9.21）ではジェンドリンさんの特別講演が予定されていたが，不慮の自動車事故によってビデオ講演となった。だが，フォーカシング研

究所長のメアリー・ヘンドリックス・ジェンドリン（Mary Hendricks Gendlin）さんは無事来日され，特別講演とワークショップ（「フォーカシング」）で十分に活躍された。

　フォーカシングの実践者と研究者から構成されていた「日本フォーカシング研究会」は幕を閉じ，1997年9月に「日本フォーカシング協会」が新たに組織された。この協会はフォーカシングの愛好者の会であり，年4回ニュースレター（「Focuser's Focus」）が発行されるようになった。こうしてフォーカシングの普及がいっそうはかられたが，一方ではコーディネーターやトレーナーの資格認定などによって専門化がはかられてきた。今後は，このような二つの方向での動きが，わが国でバランスよく発展することが期待されるところである。

　　　大学の研究室にて

伊　藤　義　美

索　引
事項索引

あ行

あー，そうだったんだ　164
アウェアネス・ムーブメント　204
アウトカム　197
味わう　160
　　――ような感じ　161
安心感　114
安全感　114
Erfahrung（経験）　210
EXP スケール　7
いい感じ　48, 54, 126
息切れ　71
意識化　190
異質的なもの　76
今　どんな感じ　151
いま，ここ　77, 78, 107
意味　71, 134, 207, 212
イメージ　47, 50, 53, 54, 182, 207
　　――体験　98
　　――体験自体　53
癒しの体験　53, 54
癒しの場所　20
癒しの不思議な体験　135
因果律による物理現象　215
インストラクション　112, 114, 116
インタラクティブ・フォーカシング　14
インタレスト・グループ　31, 35
ウィスコンシン・プロジェクト　204, 205, 215
ウィスコンシン大学　197, 201
受け止め　112, 113
受けとる　114
内側にある感じ　151
内なる子ども　44
絵　185
experiencing process（体験している過程）　210
experiencing　209, 210

experience　209
エッジ（edge）　211
エネルギー　79, 190, 191
　　――源　38
絵や写真　185, 187
選ぶことの意味　159
erleben（経験する）　210
エンカウンター・グループ　15, 125
OK と感じられるような場所　19, 20
OK の場所　20
オープン・スペース　205
親業　107

か行

絵画　159, 185
外界志向的構え　100
解決焦点化ブリーフカウンセリング　137
解決を構築する　137
外言語　55
ガイディング　127
快適な感じ　54
ガイド　31, 36, 43, 45, 46, 55, 125, 126, 127, 190
　　――側　135
概念　197, 207
概念化　191
概念化の困難さ　101
概念化のプロセス　102
概念と経験の関係　197
開発（あるいは発達）フォーカシング　105, 148
回復　76
解放感　193
カウンセラー　105, 203
カウンセリング　33, 35, 46, 71, 83, 107, 125, 204
　　――・心理療法　71
　　――・センター　198, 199, 202, 203, 204, 207

——研修会　31,36
——的に話し合う　106
——的話し合い　105,107
鍵言語（キーワード）　194
学習活動　153
過去の体験の連続　119,120
学校教育　135
からだの感じ　44,52,53,60,76,78,90,
　　107,110,112,116,126
　　——方式の教示　46
　　——方式の空間づくり　46,48,54
　　——レベル　76
からだの主要な部位　109
からだの部位　46,54,76
からだのポジティブな感じ　109
からだほぐし　126
環境調整志向法　93
関係（relationship）　211,213,214
感じ　54,60
　　——続けている　163
　　——の感得　130,131,135
　　——のハンドル　112
感情　45,200,201,208,209,210
　　——的意味　77
　　——の質　80
感度　134
簡便な空間づくり　29
気がかり　29,30,40,41,42,43,77
　　——方式　21,24,27,29,53,54,125,126,
　　127,134
気づき　53,120
気になる　42
気になる気持ち　31
気になること　30,31,127
ぎふ・長良川フォーカシング・ワークショップ　13
気持ちが解放　121
急性の登校拒否（優等生の息切れ型）　77
教育・開発　105
教育カウンセリング　105,106
教育実践　125,135
教育相談　147
教育のヒューマニゼイション
教育フォーカシング　105,107,121

教育分析　105
境界例　19,20,105
教科学習　148
教科内学習活動　148
教示　46,53,76
教授・学習　29
教授ステップ　77
教授法　45
共鳴　53,113
距離　204
気楽体　98
切り上げの段階　118
空間　31,45,54,126
　　——づくり（Clearing a Space）　17,
　　18,19,20,21,22,23,24,25,26,27,29,30,
　　31,32,34,36,37,38,39,40,43
　　——づくり体験　31,33,35,37,40,43,
　　130,131,132,135
　　——づくり用紙　126
　　——をつくる　5,8,9,17,25
ぐずっていう感じが（うん）よく表れてます　163
具体的テーマ　149
クライエント　71,77,80,198,199,204,
　　207,209,210,211,212,214
クライエント中心のセラピィ　208
クライエント中心療法　207,210,211,215
クラス全体　127
クラス全体でのシェアリング　127
クリアリングスペース（空間づくり）
　　24,89
グループ　31,40,41,43
グループ状況　55
グループ事例　29,31
グループ全体　53
グループワーク　15
訓練　197
訓練プログラム　45
経験　experience　197,205,207,209,
　　210,211,214
　　——する　207
言語化　211
研修会　36
現象の理解　215

建設的な不満表出（注文をつける能力）
　　99
交差　119,120
肯定的態度　91
交流体験　127
声かけ　127
語句　185,186
心地良い感じ　47,48,51,52,53
こころの応急整理法　103
心の空間　191
心の空間づくり　17,18,26
こころの壷　93
個人面接　147
ことば　34,47,185,186,188,191,195
ことばやイメージ　47
ことばや語句　185,186,188,191
5人のフォーカサー　46,56
5人フォーカシング　45,46,47,48,52,54,56
個別実施法　126,130
個別性　53
個別ティーチング　135
個別のシェアリング　127
コミッティ　197,199
コメント　127
コラージュ法　30
コンサルテーション　199
コンテント　207
コントロール群　205

さ行

サイコセラピィ　197,204
サイコセラピスト　105
サイコロジスト　199
産業面接　93
産業臨床　93
詩　185,190
シェアリング（sharing）　24,31,32,33,35,36,37,38,43,125,126,127,186,194
ジェンドリン法　21
視覚的　43,45
視覚的客観化　29
シカゴ時代　200,201
シカゴ大学（The University of Chicago, UC)　197,200,201,205,207,213
────・カウンセリング・センター　197,199,215
次元　210
自己　45,76
────探究　76,120,121
────探求の過程　76
────への気づき　159
自己理解　130,131,132,135,152
────・変化の視点　159
自主性　148
視線恐怖　83
実存主義　215
児童　125,126,127,130,131,135
自分の感じ　148
社会復帰　204
写真　185
自由記述　125,131
自由記述のふりかえり　130
集合的個別実施法　126,130,135
集団場面　126,127
集団法　103
重要な絵や写真　187
重要な語句　185,186,188
重要なことば　185,186,188,191,193,194
主体　207
主体性　148
主体的な態度の育成　100
小学生　125,135
小学生児童　135
小学校　125
状況　91
小グループ　30,31,40,43,193
小グループ状況　43
照合　53
小集団状況　55
象徴化　80
焦点づけ　23
情報伝達の言葉　67
初発語を大切　165
所有感　76
心身の快適感　130,131,135,152
心身の解放感　193
心身の疾患　135

心臓疾患　135
身体感覚　77
　——イメージ　98
身体的解放　109
身体部位　52,76
身体に解放感　77
身体の感じ方　21,24,27,45,46,53,54,
　　107,125,126,127,128,134
身体の中で何か丸い物に変化　164
親密感　76
親密感の回復　76
心理学　198
心理学研究科　197
心理治療・援助　105
心理療法　71,199
　——家　105
心理臨床　105
スーパーヴィジョン　105,199
スタッフ　199
図地の反転　194
ステップ　29,106,107,121
ストレス軽減法　29
ストレッチング　126
精神活動　185
精神病患者　204,205
精神分裂病　204
青年期危機　77
生命エネルギー　194
責任　213
セッション　33,34,36,71,105,106,107,
　　109,113,116,119,121,135
セラピィ　198,199,202,203,204,205,207,
　　213
セラピスト　71,80,198,199,204,210,211,
　　214
セルフ・コメント　105-106,107,114,121
センター　199
相関関係　204
相互作用　31,183
相互の言語的なかかわり　55
層になっているもの　163
そこにある感じ　161
そこにあるなー　163
そこに居てあげる　214

そこに居ます　214
そこに居る　214
その感じと一緒にいて　161
それ化する　44
存在　55,213
　——する　213

た行

体験学習　56
体験過程（experiencing）　3,5,6,7,14,
　　88,137,185,194,207,209,210,215
　——尺度　7
　——の次元　208
　——の理論　10,11,18
　——療法（Experiential Therapy）
　　3,8,11,14,71,210,211,215
　——理論　3,197
体験記入用紙　46
体験記録用紙　128,129
体験内容　135
体験のシェアリング　127
体験の次元　208
体験のハンドル　112
体験のふりかえり　31
体験報告　130,131,132
台紙　30,31,32,36,38,39
対象化・客観化　43
体得過程　215
ただ存在する　213,214
短歌　185
短期技法　93
担任教師　125,126,127
小さな目標　137
チェンジズ　10
近すぎる　44
　——過程　23
逐語記録　105,106,107,120
知的な理解　89
注意をもとめている　159
中核的自己　194
調査　135
直接的なレファラント　7
直観　212
治療　94

治療関係　80
治療面接　80
to be present　212
壺イメージ療法　94
ていねいな関わり　161
出てきたものをそのまま受け取り伝え返して
　　　もらう　160
デモンストレーション　213
伝統的な役割　207
問いかけ　113, 116, 127
ドイツ哲学　215
同時進行的　45, 55
道徳　125
導入　71, 76
　──の時期　71
動物性過程　213
遠すぎる　44
　──過程　23
特質　210
ドラマ　53
ドリーム・ワーク　213
トレーニング　199
Drexel Avenue　199
どんな感じで生きているんだろう　159

な行

内界志向的構え　100
内言語　55
内的な空間　53
内的な準備状態　53
内容叙述不要法　93
内容モデル　7
何かについて（aboutness）　77
何か一区切りつけそう　165
名前（見出し）　30
肉体的感覚　119
日常生活　148, 153
日本フォーカシング研究会　13, 14
日本フォーカシング協会　14
ニュートラル　52, 53
　──な感じ　52
人間科学　215
人間関係研究会　13
人間発達　197, 198, 199, 213

──コミッティ　199
ネガティブ　52, 53, 54
　──感情　80
　──な感じ　52, 109

は行

パートナー　45, 186
パートナーシップ　4
背景感情（バックグラウンド・フィーリン
　　　グ）方式　21
背景感情あるいは感覚　20
場所　45
話しことば　29
離れる（距離をとる）　54
反映（リフレクション）　208
　──する　208
ハンドル　54, 112
反面性　194
ビクス（BCS）　126
　──法のフォーカシング体験　135
　──法フォーカシング　14, 24, 125, 126,
　　　130, 131, 135,
be present　213
否定的態度　91
否定的表現　152
響かせ合う　116
ヒューマン・ポテンシャル・ムーブメント
　　　206
描画　102
評価　135
表現（ハンドル）　53, 54
　──・象徴　116
　──する　76
　──の言葉　68
部位　46, 47, 48, 50, 52, 53, 54, 77
フィードバック　127
フィーリング　206, 207
部位での感じ　54
部位の感じ　46, 54
フェルト・センシング　25
フェルトセンス　4, 5, 9, 10, 11, 17, 19, 21,
　　　25, 26, 67, 79, 89, 112, 137, 160, 181, 191,
　　　206, 207, 215
フォーカサー　29, 30, 31, 32, 33, 34, 35, 36,

37, 38, 39, 40, 41, 42, 43, 45, 46, 48, 49, 50,
51, 52, 53, 54, 55, 80, 105, 106, 107, 109,
110, 113, 114, 116, 118, 119, 120, 121,
125, 130, 135, 186, 192, 193, 194
Focuser's Focus　13
フォーカサー体験　125
フォーカシング　3, 4, 5, 7, 8, 9, 10, 11, 12,
13, 14, 15, 17, 18, 19, 20, 21, 22, 23, 24, 25,
26, 27, 28, 29, 31, 36, 43, 44, 45, 4648, 52,
55, 56, 71, 76, 77, 78, 79, 80, 83, 105, 106,
107, 109, 110, 114, 116, 118, 119, 120, 121,
125, 126, 130, 134, 135, 147, 185, 186, 187,
188, 189, 190, 191, 193, 194, 206, 210, 211,
212
──・オリエンティッド・サイコセラピー
（ビデオ講演）　14
──・セミナー　13
──・パートナー　185, 194
──・フォーラム　13
──・フォリオ　14
──研究所　22
──指向心理療法（Focusing-Oriented
Psychotherapy）　11, 15, 22, 71, 197
──体験　105, 106, 107, 119, 120, 121,
127
──体験全体　106
──的態度　4
──の教授法　45
──の空間づくり（Clearing a space）
125, 126
──の困難さ　101
──の体験とグループでの交流　13
──の未経験者　101
──の要素　80
フォーカス　211, 212
フォロー・アップ　132
フォロー・アップ調査　130, 132
フォロー・アップの自由記述　135
副作用　102
複数のフォーカサー　45, 55
複数フォーカシング　31, 45, 53-54, 55, 56
複数フォーカシング法（MFM, Multiple
Focusing Method）　14, 27, 45
複数フルフォーカシング　14, 27

複数ミニフォーカシング　14, 27
付箋紙　29, 30, 31, 32, 34, 36, 37, 38, 39, 40,
41, 42, 43
──法　30
普通学級　125
不適応者の援助　93
プラス・イメージ　39
ふりかえり　31, 33, 35, 37, 38, 40, 42, 43,
118, 119, 120, 125, 127, 130
ふりかえりシート　186, 188
ふりかえりの段階　119
フル・フォーカシング　185, 191
プレイセラピィ　214
フレーズ　190
プレゼンス　55, 212, 214, 215
触れ続けていた　160
プログラム　199
プロジェクト　204, 205
プロセス　116, 120, 199
プロセス・スケール　5
分裂（スプリッティング）　116
分裂する　54
分裂病　105
ペア　126
「ほうかむり」の後ろ姿　162
方法の有効性　130, 131, 132, 135
ボーダーライン　14
保管場所　54
ポジティブ　52, 53, 54, 130, 132, 134, 135
──感情　80
──な感じ　52, 53
──な感じ（心地よい場所）　109, 118
──な評価　131
ボディワーク（Body Work）　15, 21,
24, 44, 125, 126, 127
ほど良い距離　44

ま行

マイナス・イメージ　37, 39
間が生まれ　161
護られた空間　51
ミニ・フォーカシング　185, 186, 191
耳鳴り　83
面接室　205

面接への動機づけ 99
メンタルヘルス 93,197
メンバー 199
妄想型分裂病 204
問題との適切な距離 88

や行

役割 202,206,207
夕映え 159
夢 77,78,79,175,208
　——からのメッセージ 183
　——とフォーカシング 22
　——フォーカシング 14
容器 54,127
養護教諭 31,36
抑圧モデル 7
よく覚えておく 165
4つ目の条件 212

ら行・わ行

ライフ・エナジー 20,53

ライフ・スタイル 193
ラウンド 106,115,121
　——1 113
リスナー 55,106,107,114,116,118,120
　——のかかわり 159
　——役 154
両価感情 80
リラックス技法 93
リレーションシップ 210,212
例外 137
歴史的解釈 215
Lexington Hall 199
レファラント 8
連想 54
録音 106
録画 106
ロックフェラー財団 200
ワークショップ 213
ワード・マシーン 210
私(フォーカサー) 31,32,36,38,39,42

人名索引

飯野農夫也 160
池見 陽 13,101
伊藤義美 13,27,29,31,45,185,207,212

カンター (Kanter, M) 20
クラーゲス (Klages, L.) 215
クライン (Klien, J.) 28
グラインドラー (Grindler, D) 19
コーネル (Cornell, A.W.) 10,13,21,22

西園寺二郎 12
ジェンドリン (Gendlin, E.T.) 3,4,5,6,7,8,9,10,11,12,13,14,18,20,21,22,23,25,43,148,197,205,207,212,215
ジェンドリン (Gendlin, M. H.) 14,28
ジェンドリン夫妻 13
ズィムリング (Zimring, F.) 5,209

田嶌誠一 93,94,98,99,100

田畑 治 12
ディルタイ (Dilthey, W.) 208,215

平田アンナ 213
ヒンターコプフ (Hintercopf, E.) 13,26
ヘンドリック (Hendricks, M) 21

マークガイア (McGuire, M.) 18,19
増井武士 101,210
増田 實 13
村瀬孝雄 11,13,215
村山正治 12,13,24,26

横山体真 93,94

ロジャーズ (Rogers, C. R.) 3,5,6,11,197,198,199,200,201,202,203,210,213,212,215

執筆者紹介（執筆順）　＊印は編者

＊伊藤義美（担当章：第1〜4,6,9,10,16,17章）

最終学歴：名古屋大学大学院教育学研究科博士後期課程満期修了，
　　　　　博士（教育心理学）
現　　職：名古屋大学大学院環境学研究科心理学講座教授
　　　　　名古屋大学情報文化学部情報行動論講座教授
　　　　　認定フォーカシング・コーディネーター（米国フォーカシング研究所）
主要著書：「フォーカシングの空間づくりに関する研究」（単著）風間書房　2000
　　　　　「パーソンセンタード・アプローチ：21世紀の人間関係を拓く」（共編）ナカニシヤ出版　1999
　　　　　「パーソンセンタード・カウンセリング」（単訳）ナカニシヤ出版　2000
　　　　　「いのちとこころのカウンセリング－体験的フォーカシング法－」（共訳）金剛出版　2000

臼井克子（担当章：第5,9章）

最終学歴：神戸女子薬科大学薬学部卒業，三重カウンセリング卒業
現　　職：四日市カウンセリング研究室カウンセラー
　　　　　認定フォーカシング・トレーナー（米国フォーカシング研究所）

岡田敦史（担当章：第7章）

最終学歴：信州大学人文学部人文学科卒業
現　　職：名古屋市役所環境局（元名古屋市身体障害者更正相談所心理判定員）
主要著書：「日本版WAIS-Rの理論と臨床」（共著）日本文化科学社　1998

蒲生紀子（担当章：第8章）

最終学歴：愛知教育大学大学院教育学研究科
現　　職：サンビレッジ新生苑臨床心理士
　　　　　池田中学校スクールカウンセラー
主要著書：「治療者にとってのフォーカシング」産業カウンセリングにおける"こころの壺"の利用　現代のエスプリ No.410, 85-95.　至文堂　2001
　　　　　「こころの整理応急法としての"こころの壺"の適用」人間性心理学研究, 16(2), 159-169.　1998
　　　　　「特別養護老人ホームの入居者への心理的援助の試み」日本心理臨床学会第17回大会発表論文集, 96-97.　1998

村山佳子（担当章：第10, 11章）

最終学歴：三重大学大学院教育学研究科
現　　職：四日市市立神前小学校教諭

藤嶽大安（担当章：第12章）

最終学歴：大谷大学文学部史学科卒業
現　　職：メリノール女子学院中高等学校教諭

森尾邦江（担当章：第13章）

最終学歴：大津赤十字高等看護学院看護科卒業
現　　職：県立あけぼの学園高等学校非常勤講師

小嶽久美子（担当章：第14, 16章）

最終学歴：佛教大学文学部史学科卒業
現　　職：三重県立養護学校伊賀つばさ学園教諭

渡邉邦子（担当章：第15章）

最終学歴：鈴鹿短期大学養護教諭コース卒業
現　　職：三重県四日市市立内部中学校養護教諭

谷美佐子（担当章：第16章）

最終学歴：岐阜短期大学保育科卒業
現　　職：有限会社タニ，日本心理カウンセリング所属

小倉理恵（担当章：第16章）

最終学歴：三重大学教育学部特殊教育課程卒業
現　　職：日本心理カウンセリング所属

宗田美名子（担当章：第16章）

最終学歴：大妻女子大学家政学部児童学科卒業
現　　職：中部電力三重支店心理相談員

中島あつ子（担当章：第16章）

最終学歴：同志社女子大学学芸学部英文科卒業
現　　職：上野市立猪田小学校教諭

前田起代栄（担当章：第16章）

最終学歴：杏林大学保健学部保健学科卒業
現　　職：亀山市立白川小学校養護教諭

ジェンドリン, E. T. (担当章：第17章)
最終学歴：シカゴ大学大学院
現　　職：シカゴ大学教授, Ph. D.

フォーカシングの実践と研究

2002年10月10日　初版第1刷発行　　　　定価はカヴァーに表示してあります

　　　　　　編著者　伊藤　義美
　　　　　　発行者　中西　健夫
　　　　　　発行所　株式会社ナカニシヤ出版
　　　　　　〒606-8316　京都市左京区吉田二本松町2番地
　　　　　　　　　　　　Telephone 075-751-1211
　　　　　　　　　　　　Facsimile 075-751-2665
　　　　　　　　　　　　郵便振替 01030-0-13128
　　　　　　　　e-mail iihon-ippai@nakanishiya.co.jp
　　　　　　　　URL http://www.nakanishiya.co.jp/

装幀・白沢　正／印刷・創栄図書印刷／製本・藤沢製本

Copyright© 2002 by Y. Ito
Printed in Japan
ISBN 4-88848-734-0 C3011